Just Enough
BUSINESS
GERMAN

compiled by
LEXUS
with
Dagmar Förtsch

Printed on recyclable paper

 PASSPORT BOOKS
a division of *NTC Publishing Group*
Lincolnwood, Illinois USA

1994 Printing

This edition first published in 1993 by Passport Books
a division of NTC Publishing Group, 4255 West Touhy Avenue,
Lincolnwood (Chicago), Illinois 60646-1975 U.S.A.
Manufactured in the United States of America.

4 5 6 7 8 9 ML 9 8 7 6 5 4 3 2

Just Enough Business German is specifically designed to be of maximum service to you on your business trip to Germany, Austria, and Switzerland (or if you are having German-speaking business visitors at home). *Just Enough Business German* gives you one single A-Z list of terms and expressions to help you communicate efficiently in German:

- at sales meetings and presentations
- in discussing terms, contracts, schedules
- when examining figures and accounts
- when negotiating and making proposals

And in addition to this you'll find words and phrases that will be useful when you are:

- traveling
- at your hotel
- coping with typical business-trip problems

Built into the A-Z list, for speed and ease of reference, there are some 400 German words, German abbreviations, and acronyms you'll find on documents, statements, balance sheets, invoices, notices, signs, etc. There is factual and practical information too: travel tips (see "accommodations," "train," etc.), conversion tables (see "foot," "pint," etc.), a menu reader (pages 169-73), a wine guide (pages 162-64), a schnaps guide (see "schnaps"), numbers (pages 174-75), and a map on page vi.

On pages iv to v there are notes on the pronunciation of German.

All in all, *Just Enough Business German* will make for a smoother, more efficient trip. If you are in business, then

this book means business!

iv

Pronouncing German
Compared with English, German is a very regular
pronouncing language, that is to say, there is a far
more consistent relationship between a letter or
group of letters and the sounds that these letters will
have. General guidelines to pronunciation are as
follows: One key rule to remember is that German
pronounces every syllable of a word. So for example,
the German word "Analyse" is pronounced
[an-a-lee-zuh].

a	as in father: Tag, bat, ratsam, fahren, schwarz
	as in mat: hatte, Kampagne, gesamt, hat, ab
e	as in play: zehn, geben, Kredit
	as in bed: Rechnung, Geld, wetten
	as in hair: Verbraucher, per, werden, fern
	as in father: ge-, Kunde, gehen, Käufer
i	as in seen: wir, ihr
	as in sit: in, ist, -isch, bitte
o	as in tone: so, Lohn, Boot, Brot
	as in hot: kommen, Soll, ob
	as in sort: Sorte, Wort, vor
u	as in soon: zu, tun, Buch, Einfuhr
	as in book: um, un-, -ung, Schluß
ä	as in play: spät, später
	as in bed: hätte, Änderung
ö	as in her: können, möchte
ü,y	as in huge without the 'j' sound: über, Gebühr, analysieren
au	as in how, cow
äu	as in boy, toy
ee	as in hay, day
ei	as in ice, pie
eu	as in boy, toy
ie	as in team, seen

Consonants are as in English with the following
main differences:

b	in final position becomes p: ab[ap]
ch	after a, au, o, u as in Bach; (not [bahk]!); after other sounds similar to sh

d   in final position becomes t: Hand [hant]
g   as in good
j   as in yacht
qu   =kv
s   in initial position becomes z: Soll [zoll];
         Phase [fah-zuh]
ß   =ss
sch =sh
sp/st in initial position become shp/sht: spät [shpayt];
         Stand [shtannt]
th   =t
v   =f
w   =v
z   =ts

The German alphabet
a [ah] **b** [bay] **c** [tsay] **d** [day] **e** [ay] **f** [eff] **g** [gay]
h [hah] **i** [ee] **j** [yot] **k** [kah] **l** [el] **m** [em] **n** [en]
o [oh] **p** [pay] **q** [koo] **r** [air] **s** [ess] **t** [tay] **u** [oo]
v [fow] **w** [vay] **x** [iks] **y** [oop-see-lon] **z** [tset]

Genders
German has three genders: masculine, feminine and
neuter. The word for "the" can therefore be either
"der," "die" or "das;" and the corresponding forms
of "a" are "ein," "eine," "ein." In this book we have
given whichever article seems more likely given an
actual context of usage. For example: "ein Whisky"
but "die Rechnung."

Feminine forms of nouns are made by adding --in.
For example: Amerikaner, m. (American)/
Amerikanerin, f. (American).

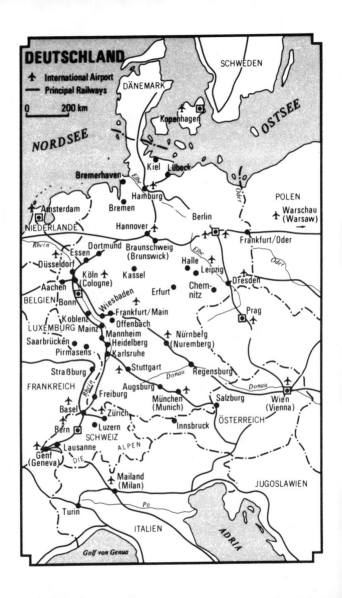

A

a, an ein/eine/ein
   10 marks a liter zehn Mark der Liter
Abf. = Abfahrt departures
Abfindung settlement
Abgabe tax
Abkommen agreement
abkömmlich available
Abnahme purchase; drop
Abnahmemenge amount purchased
Abnehmer purchaser; customer
about: is he about (around)**?** ist er da?
   about 15 ungefähr fünfzehn
   at about 2 o'clock gegen zwei Uhr
about-face (policy) eine Wende
above über
   above that darüber
above-mentioned oben genannt
Abrechnung settlement; statement; account
abroad im Ausland
   to go abroad ins Ausland fahren
Abruf call (on goods)
Abs. = Absender sender
Absatz sales
Abschluß conclusion (of contract, deal)
Abschreibungen depreciation, write-offs
Abt. = Abteilung department
abzgl. = abzüglich minus, less
accept annehmen
   we accept your proposal wir nehmen Ihren
   Vorschlag an
acceptable annehmbar
acceptance die Annahme
acceptance test (made by customer) die
   Abnahmeprüfung
   see also **inspection**

ä [eh], au as in how, äu, eu [oy], ei as in I, ie [ee], ö as in
her, ü, y as in huge, -b [-p], -d [-t], j [y], qu [kv], s- [z-],
ß [ss], v [f], w [v], z [ts]

accommodations die Unterkunft
    we need accommodations for three wir brauchen
    Zimmer für drei
» TRAVEL TIP: *as well as hotels there is the "Hotel*
    Garni" (bed and breakfast), "Pension" (boarding
    house), "Gasthof" (inn) or a room in a private
    house; look for the sign "Zimmer frei" or
    "Fremdenzimmer"; information on local
    accommodations from railway station, look for
    "Zimmernachweis" or tourist information office
    see **room**
accordance: in accordance with your wishes Ihren
    Wünschen entsprechend
according: according to Herr Braun laut Herrn Braun
    according to the contract laut Vertrag
account *(bank)* das Konto
    (bill) die Rechnung
    (customer) der Kunde
    that will be taken into account das werden wir
    berücksichtigen
accountant *(CPA)* der Wirtschaftsprüfer
    (accounts clerk) der Buchhalter
    (tax advisor) der Steuerberater
accounting department die Buchhaltung
accounting method das Buchungsverfahren
accounting period der Buchungszeitraum
account number die Kontonummer
accounts: our accounts for the past year unsere
    Abrechnung für Vorjahr
    may we look at your accounts for 1985? können
    wir Ihren Jahresabschluß für 1985 sehen?
accurate genau
Achtung caution, danger; *(spoken)* look out!;
    (announcement) attention please
acknowledge bestätigen
across über
across-the-board allgemein, global
action: what action are you going to take? welche
    Maßnahmen werden Sie ergreifen?
actual *(as against targeted)* tatsächlich

actuary der Aktuar
ADAC = Allgemeiner Deutscher Automobil-Club
  equivalent of AAA
adaptor der Adapter
additional zusätzlich
address die Adresse
  will you give me your address? können Sie mir
  bitte Ihre Adresse geben?
adequate ausreichend
  that's quite adequate das ist ganz angemessen
administration die Verwaltung
admission (of truth, etc.) das Eingeständnis
adults Erwachsene
advance: in advance im voraus
  can we book in advance? können wir im voraus
  buchen?
  advance payment die Vorauszahlung
advantage der Vorteil
advertisement die Annonce
  (for product) die Anzeige
  I want to put an advertisement in the paper ich
  möchte in der Zeitung inserieren
advertising die Werbung
advertising brochure der Werbeprospekt
advertising budget der Werbeetat
advertising campaign die Werbekampagne
advertising manager der Publicitymanager
advertising material das Werbematerial
advisable ratsam
advise: please advise us bitte teilen Sie uns mit
  we have been advised that ... es wurde uns
  mitgeteilt, daß ...
afraid: I'm afraid I don't know das weiß ich leider
  nicht
  I'm afraid so ja, leider
  I'm afraid not leider nicht

ä [eh], au as in how, äu, eu [oy], ei as in I, ie [ee], ö as in
her, ü, y as in huge, -b [-p], -d [-t], j [y], qu [kv], s- [z-],
ß [ss], v [f], w [v], z [ts]

after: after you nach Ihnen
    after 2 o'clock nach zwei Uhr
afternoon der Nachmittag
    in the afternoon nachmittags
    this afternoon heute nachmittag
    good afternoon guten Tag!
after sales service der Service
AG [ah-gay] = *Aktiengesellschaft publicly owned
stock company; requires a minimum of 5 founding
directors; reserves of at least 10% of share capital
must be maintained for liability requirements*
again wieder
against gegen
    against the dollar gegenüber dem Dollar
age das Alter
agency die Vertretung, die Agentur
agency agreement das Vertretungsabkommen
    see **sole**
agenda die Tagesordnung
    on the agenda auf der Tagesordnung
agent der Vertreter
ago: a week ago vor einer Woche
    it wasn't long ago das ist noch nicht lange her
    how long ago was that? wie lange ist das her?
agree: I agree ich bin ganz Ihrer Meinung
    I can't agree with that dem kann ich nicht
zustimmen
    if we can agree on a solution wenn wir uns auf
eine Lösung einigen können
    do you agree that this is too much? stimmen Sie
zu, daß das zuviel ist?
agreeable: if you are agreeable wenn Sie zustimmen
agreement die Vereinbarung
    we're in agreement on that darin sind wir uns
einig
    let's try to reach an agreement wir wollen doch
versuchen, zu einer Übereinkunft zu kommen
    you have broken the agreement Sie haben sich
nicht an die Abmachung gehalten
aim *(of talks, etc.)* das Ziel

air die Luft
> **by air** per Flugzeug
> **by airmail** per Luftpost

airfreight die Luftfracht
> **we'll airfreight them to you** wir werden sie Ihnen per Luftfracht zustellen

airport der Flughafen

air waybill der Luftfrachtbrief

Akkreditiv letter of credit

Aktenzeichen file reference

Aktie share, stock

Aktiva assets

alarm der Alarm
> **alarm clock** der Wecker

alcohol der Alkohol

all: all the people alle Leute
> **all night/all day** die ganze Nacht/den ganzen Tag
> **that's all wrong** das ist ganz falsch
> **all right?** in Ordnung?
> **that's all** das ist alles
> **thank you—not at all** danke—bitte, gern geschehen

allow erlauben
> **will you allow us more time?** können Sie uns mehr Zeit geben?

allowance (*discount, etc.*) der Rabatt, der Nachlaß
> **promotion allowance** die Werbegelder

allowed erlaubt
> **is it allowed?** ist es erlaubt?
> **it's not allowed** das ist verboten!
> **allow me** gestatten Sie

almost fast

alone allein

already schon

also auch

alter ändern

ä [eh], au as in h*ow*, äu, eu [oy], ei as in I, ie [ee], ö as in h*er*, ü, y as in h*uge*, -b [-p], -d [-t], j [y], qu [kv], s- [z-], ß [ss], v [f], w [v], z [ts]

alteration die Änderung
    when we've carried out the alterations wenn wir
    die Änderungen vorgenommen haben
although obwohl
altogether insgesamt
always immer
a.m. vormittags
ambassador der Botschafter
ambulance der Krankenwagen
» *TRAVEL TIP: dial 110*
amendment *(to contract, etc.)* die Änderung
America Amerika
American amerikanisch
    (person) Amerikaner/Amerikanerin
    I'm American ich bin Amerikaner, m/
    Amerikanerin, f
among unter
amount der Betrag
    the total amount der Gesamtbetrag
    it amounts to more than ... es kommt auf über ...
an on
analysis die Analyse
analyze analysieren
and und
Angebot offer, bid
angry verärgert
    I'm very angry about it ich bin darüber sehr
    verärgert
    please don't get angry bitte ärgern Sie sich nicht
Anhang annex
Ankft. = Ankunft arrivals
Anlage enclosure *(in letter)*
Anlieger frei residents only
Anmeldung *(hotels, motels, etc.)* reception, check-in
annoy ärgern
    it's very annoying das ist sehr ärgerlich
annual jährlich, Jahres-
annual accounts die Jahresabrechnung
annual meeting die Jahreshauptversammlung
annual report der Jahresbericht, der Geschäftsbericht

another: can we have another room? können wir ein anderes Zimmer haben?

 another beer, please noch ein Bier, bitte

answer die Antwort

 what was his answer? was hat er darauf gesagt?

 there was no answer (*telephone*) es hat sich niemand gemeldet

Antrag application

Antwort reply

Anwalt lawyer, *attorney*

any irgendein

 do you have any suggestions? haben Sie Vorschläge?

 I don't have any ich habe keine

anybody (irgend) jemand

anyhow jedenfalls

anything (irgend) etwas

 I don't want anything ich möchte gar nichts

apartment eine Wohnung

aperitif ein Aperitif

apology eine Entschuldigung

 please accept our apologies wir bitten um Entschuldigung

 I want an apology ich warte auf eine Entschuldigung

appendix (*to contract*) der Anhang

application form das Antragsformular, (*for job*) das Bewerbungsformular

apply: to apply for a grant einen Zuschuß beantragen

 to apply for a job sich um eine Stelle bewerben

 that doesn't apply in this case das trifft in diesem Fall nicht zu

appointment ein Termin

 can I make an appointment? kann ich einen Termin vereinbaren?

 I have an appointment ich habe einen Termin

ä [eh], au as in how, äu, eu [oy], ei as in I, ie [ee], ö as in her, ü, y as in huge, ¬b [-p], -d [-t], j [y], qu [kv], s- [z-], ß [ss], v [f], w [v], z [ts]

appreciate: we appreciate your problem wir
 verstehen Ihr Problem
  yes, I appreciate that, but . . . ja, ich sehe das ein,
 aber . . .
  we would appreciate it if you could . . . wir wären
 Ihnen dankbar, wenn Sie . . . könnten
  thank you, I appreciate it vielen Dank, sehr nett
 von Ihnen
  it actually appreciates in value es steigt
 tatsächlich im Wert
appreciation: as a sign of our appreciation als
 Zeichen unserer Anerkennung
approach: our approach to distribution unsere Art
 des Vertriebs
  you should approach our agents Sie sollten sich
 an unsere Vertreter wenden
  we have been approached by another firm eine
 andere Firma ist an uns herangetreten
  have they been making approaches to you? haben
 sie versucht, an Sie heranzutreten?
appropriate: the appropriate department die
 zuständige Abteilung
  at the appropriate time zur rechten Zeit
approval die Zustimmung
  not without your approval nicht ohne Ihre
 Zustimmung
approve: do you approve? halten Sie es für gut?
  you have to approve these changes Sie müssen
 diese Änderungen genehmigen
approximately etwa, zirka, (ca.)
April April
Arbeit work; job
area die Gegend
area code die Vorwahl
area manager der Regionalbeauftragte, der
 Bezirksleiter
arm der Arm
around um . . . herum see **about**
arrange: will you arrange it? können Sie das
 arrangieren?

it's all arranged es ist alles arrangiert
that's easily arranged das läßt sich leicht machen
arrangement: we have a special arrangement with them wir haben ein besonderes Abkommen mit ihnen
can we discuss the arrangements? können wir über die Pläne diskutieren?
all the arrangements have been made alle Vorkehrungen sind getroffen
arrears im Rückstand
you have arrears of . . . Sie sind mit . . . im Rückstand
payments are in arrears die Zahlungen sind im Rückstand
arrival die Ankunft
arrive ankommen
we only arrived yesterday wir sind erst gestern angekommen
art die Kunst
artificial künstlich
as: as quickly as you can so schnell Sie können
as much as you can so viel Sie können
as you like wie Sie wünschen
as of today ab heute
see **per**
a.s.a.p. so bald wie möglich
ashtray ein Aschenbecher
ask fragen
could you ask him . . .? könnten Sie ihn bitten, . . . zu . . . ?
that's not what I asked for das habe ich nicht bestellt
I have been asked to tell you . . . man hat mich gebeten, Ihnen mitzuteilen, daß . . .
asleep: he's still asleep er schläft noch
aspirin eine Kopfschmerztablette, ein Aspirin

ä [eh], au as in how, äu, eu [oy], ei as in I, ie [ee], ö as in her, ü, y as in huge, -b [-p], -d [-t], j [y], qu [kv], s- [z-], ß [ss], v [f], w [v], z [ts]

assembly *(of machine)* die Montage
assembly instructions die Montageanleitung
assets das Vermögen
  (balance sheet) Aktiva
assistant der Assistent
assistant manager der stellvertretende
  Geschäftsführer
assume: I assume ... ich nehme an, ...
  can we safely assume that ... ? können wir mit
  Sicherheit davon ausgehen, daß ... ?
assumption die Annahme
  that's just an assumption das ist nur eine
  Vermutung
assurance: you have my assurance that ... ich
  versichere Ihnen, daß ...
assure: could you assure us that ... ? könnten Sie
  uns versichern, daß ... ?
  rest assured Sie können sich darauf verlassen
at: at the airport am Flughafen
  at my hotel in meinem Hotel
  at one o'clock um ein Uhr
  at 15% zu fünfzehn Prozent
  at his request auf seine Bitte hin
atmosphere die Atmosphäre
attach beifügen
  the attached invoice die beiliegende Rechnung
attaché case der Aktenkoffer
attention: for the attention of Mr. ... zu Händen
  Herrn ..., z.Hd. Herrn ...
  please pay special attention to ... bitte achten Sie
  besonders auf ...
  thank you for bringing it to our attention wir
  danken Ihnen, daß Sie uns darauf aufmerksam
  gemacht haben
attitude die Einstellung
attractive attraktiv
audit: after last year's audit nach der Buchprüfung
  des Vorjahres
auditor der Buchprüfer
Auftrag order

Aufzug elevator
August August
aus off
Ausfahrt exit
Ausfuhr export
Ausführung: in zweifacher/dreifacher
Ausführung in duplicate/triplicate
Ausgang exit
Auskunft information
außer Betrieb out of order
Australia Australien
Austria Österreich
Austrian österreichisch
   (person) Österreicher/Österreicherin
Ausverkauf sale
ausverkauft sold out
authorities die Behörden
authorization: I need my director's authorization ich
   brauche die Zustimmung meines Chefs
   do we have your authorization to ...? haben wir
   Ihre Vollmacht ... zu ... ?
authorize *(steps, decision)* genehmigen
   I am not authorized to ... ich bin nicht
   berechtigt ...
automatic automatisch
   (car) der Automatikwagen
automatically automatisch
availability: subject to availability Lieferbarkeit
   vorbehalten
available *(goods)* lieferbar; *(person)* frei
   on the next available flight mit dem
   nächstmöglichen Flug
average der Durchschnitt
   only average results nur durchschnittliche
   Ergebnisse
   above/below average über/unter dem

ä [eh], au as in how, äu, eu [oy], ei as in I, ie [ee], ö as in
her, ü, y as in huge, -b [-p], -d [-t], j [y], qu [kv], s- [z-],
ß [ss], v [f], w [v], z [ts]

Durchschnitt
avoid: to avoid delay um eine Verzögerung zu
   vermeiden
await: we are awaiting . . . wir warten auf . . .
   awaiting your prompt reply wir sehen Ihrer
   umgehenden Antwort mit Interesse entgegen
aware: are you aware of the . . . ? sind Sie sich über
   . . . im klaren?
away weg
   is it far away from here? ist es weit weg von hier?
awful schrecklich
Az. = Aktenzeichen file reference

B

back: I'll be right back ich bin gleich wieder da
   is he back? ist er zurück?
   when will he be back? wann ist er wieder da?
   can I have my money back? kann ich mein Geld
   wiederhaben?
   come back kommen Sie zurück!
   I go back tomorrow ich fahre morgen zurück
   at the back hinten
   we'll get back to you on that wir werden in dieser
   Angelegenheit noch auf Sie zurückkommen
backer *(for project)* der Geldgeber
backing die Unterstützung
   we need your backing wir brauchen Ihre
   Unterstützung
backlog *(of work)* die Arbeitsrückstände
back out: I'm afraid you can't back out Sie können
   leider nicht mehr davon zurücktreten
   they backed out at the last minute sie haben sich
   in letzter Minute noch zurückgezogen
back up: the figures back it up die Zahlen bestätigen
   das
back-up *(support)* die Unterstützung
Bad bathroom
bad schlecht
   too bad Pech!

bad debts zweifelhafte Forderungen
baggage das Gepäck
Bahnsteig platform
balance die Bilanz
    (on bank statements, accounts) der Saldo
    (remainder) der Rest
    on balance alles in allem
balance out: they balance each other out sie gleichen
    sich aus
balance sheet die Bilanz(aufstellung)
ball-point pen der Kugelschreiber
bandage (adhesive) ein (Heft)pflaster
bank die Bank
bank account das Bankkonto
bank draft der Wechsel
bank loan das Darlehen
bank manager der Bankdirektor
    my bank manager der Leiter meiner Bankfiliale
bankrupt bankrott
bar die Bar
barber der (Herren)friseur
bargain: it's a real bargain das ist wirklich günstig
base (HQ) die Zentrale
    our German base unsere deutsche Niederlassung
    it's based on the assumption that ... es geht von
    der Annahme aus, daß ...
basic (problem, product, interest) grundlegend
basically im Grunde genommen
basis die Grundlage
    as a basis for negotiations als
    Verhandlungsgrundlage
bath das Bad
bathroom das Badezimmer
    I'd like a room with a private bathroom ich hätte
    gern ein Zimmer mit Bad
battery die Batterie

ä [eh], au as in how, äu, eu [oy], ei as in I, ie [ee], ö as in
her, ü, y as in huge, -b [-p], -d [-t], j [y], qu [kv], s- [z-],
ß [ss], v [f], w [v], z [ts]

be: to be sein
    don't be . . . seien Sie nicht . . .
    be reasonable seien Sie vernünftig
    see **he, you, they,** *etc.*
Beamte(r) *official; civil servant*
beat: to beat the competition die Konkurrenz
    schlagen
    we can beat these prices wir können diese Preise
    unterbieten
beautiful schön
    that was a beautiful meal das Essen war
    ausgezeichnet
because weil
    because of the delay wegen der Verzögerung
bed das Bett
    single bed/double bed ein Einzelbett/Doppelbett
    I'm going to bed ich geh' ins Bett
    bed and breakfast Übernachtung mit Frühstück
Bedarf *demand*
Bedingung *condition*
bedroom das Schlafzimmer
beer ein Bier
    two beers, please zwei Bier, bitte
    YOU MAY THEN HEAR . . .
    Pils oder Export? *pilsner or export?*
    (pilsner is stronger)
    große oder kleine? *large or small?*
    (large = approx. 1 pint, small = approx. ½ pint)
    eine Halbe = ½ liter = *approx. 1 pint*
    eine Maß *typical in Bavaria = 1 liter; if you like a*
    darker beer try "ein Dunkles," though this is not
    available in all parts of Germany
befördern *to transport*
before: before breakfast vor dem Frühstück
    before we leave bevor wir gehen
    I haven't been here before ich war noch nie hier
begin anfangen
    when does it begin? wann fängt es an?
    beginning next month ab nächsten Monat
behalf: on behalf of Mr. Stevens im Auftrag von

Herrn Stevens
(as spokesman for) im Namen von Herrn Stevens
on your/his behalf in Ihrem/seinem Auftrag
behind hinter
 we're behind on delivery wir sind mit der
 Lieferung in Verzug geraten
Belgian belgisch
Belgium Belgien
believe: I don't believe you das glaub' ich (Ihnen)
 nicht
 I believe you das glaub' ich Ihnen
bell die Klingel
belong: that belongs to me das gehört mir
 whom does this belong to? wem gehört das?
below unter
beneficiary *(of letter of credit)* der Begünstigte
Bericht report
berth *(on ship)* das Bett
Beruf profession
Bescheinigung certificate
Beschwerde complaint
besetzt occupied, taken; *(bus)* full; *(telephone)* busy
beside neben
Besprechung discussion; meeting
best beste(r,s)
 we'll do our best wir werden unser möglichstes
 tun
Bestätigung confirmation
Bestellnummer order number
Bestellung order
Betr. Re
Betrag amount
Betreten verboten no trespassing
better besser
 don't you have anything better? haben Sie nichts
 Besseres?

ä [eh], au as in h*ow*, äu, eu [oy], ei as in I, ie [ee], ö as in
her, ü, y as in h*uge*, -b [-p], -d [-t], j [y], qu [kv], s- [z-],
ß [ss], v [f], w [v], z [ts]

are you feeling better? geht es Ihnen besser?
I'm feeling a lot better es geht mir viel besser
between zwischen
Bevollmächtigung *authorization*
bewachter Parkplatz *guarded parking lot, garage*
beyond über
Bezahlung *payment*
Bezug *reference*
bid das Angebot
big groß
    a big one ein großer, eine große, ein großes
    that's too big das ist zu groß
    it's not big enough das ist nicht groß genug
    do you have a bigger one? haben Sie nichts Größeres?
bill die Rechnung
    (bank note) der (Geld)schein
    could I have the bill *(check)*, **please?** bitte zahlen
bill of lading der Frachtbrief
bit: just a bit nur ein bißchen
    that's a bit too expensive das ist ein bißchen zu teuer
    just a little bit for me nur ganz wenig für mich
bitte eintreten *please enter*
bitte klingeln *please ring*
bitte klopfen *please knock*
bitte nicht stören *please do not disturb*
black schwarz
    in the black im Plus
blood pressure: I've got high blood pressure ich habe hohen Blutdruck
blue blau
blue chip stocks erstklassige Wertpapiere
BLZ = Bankleitzahl *bank code*
board *(of directors)* der Aufsichtsrat
    board meeting die Vorstandssitzung
    full board *(breakfast + 2 meals)* Vollpension
    half board *(breakfast + 1 meal)* Halbpension
    boarding pass die Bordkarte
boat das Boot

(bigger) das Schiff
bona fide echt
bonded warehouse das Zolldepot
bonds die Obligationen
bonus die Prämie [pray-mee-uh]
book das Buch
    your books Ihre Bücher
    can I book a seat for . . . ? kann ich einen Platz für
    . . . bestellen?
    I'd like to book a seat for . . . ich möchte einen
    Platz für . . . bestellen
    I'd like to book a table for two ich möchte einen
    Tisch für zwei Personen bestellen
    YOU MAY THEN HEAR . . .
    wie war der Name, bitte? *what name, please?*
    für wann, bitte? *for what time?*
bookstore die Buchhandlung
border die Grenze
boring langweilig
born: I was born in . . . ich bin in . . . geboren
    see **date**
borrow borgen
borrowings die Anleihen
Börse Stock Exchange
boss der Chef
both beide
    I'll take both of them ich nehme beide
bottle die Flasche
bottom: at the bottom of the list unten auf der Liste
box die Schachtel
    (wood) die Kiste
boy ein Junge
brake die Bremse
    I had to brake suddenly ich mußte plötzlich
    bremsen
    he didn't brake er hat nicht gebremst

ä [eh], au as in h*o*w, äu, eu [oy], ei as in I, ie [ee], ö as in
h*er*, ü, y as in h*u*ge, -b [-p], -d [-t], j [y], qu [kv], s- [z-],
ß [ss], v [f], w [v], z [ts]

branch die Zweigstelle, die Filiale
branch manager der Zweigstellenleiter, der
    Filialleiter
branch office die Zweigstelle, die Filiale
brand die Marke
brand image das Markenimage
brand recognition das Markenbewußtsein
brandy der Branntwein
breach: they are in breach of contract sie sind
    vertragsbrüchig geworden
bread das Brot
    could we have some bread and butter? können
    wir etwas Brot und Butter haben?
    some more bread, please noch etwas Brot, bitte
break (*contract, agreement*) brechen
    it was you who broke the contract Sie sind
    vertragsbrüchig geworden
breakdown (*of figures*) die Aufschlüsselung
    could you give me a complete breakdown?
    können Sie mir eine vollständige Aufschlüsselung
    geben?
    (*of car, machine*) die Panne
» TRAVEL TIP: *road patrols give free help (except
    parts); telephone for "Straßenwachthilfe,"
    "Pannenhilfe," or "ADAC" (AAA)*
break even plus-minus-null abschließen
    at that rate we don't even break even so decken
    wir nicht einmal unsere Kosten
breakeven point der Break-even-point, die
    Gewinnschwelle
breakfast das Frühstück
    Continental breakfast kleines Frühstück
briefcase die Aktentasche
**briefing: please give me a full briefing on the
    situation** geben Sie mir bitte genaue
    Informationen zur Sachlage
brilliant großartig
bring bringen
    could you bring it to my hotel? können Sie es mir
    bitte ins Hotel bringen?

bring forward übertragen
   we've brought the date forward three weeks wir
   haben den Termin um drei Wochen vorverlegt
Britain Großbritannien
British britisch
   the British die Briten
brochure der Prospekt
   do you have any brochures about . . . ? haben Sie
   Prospekte über . . . ?
broken kaputt
   you've broken it Sie haben es kaputt gemacht
   my room/car has been broken into man ist in
   mein Zimmer/meinen Wagen eingebrochen
broker der Makler
brought forward übertragen
   amount brought forward der Übertrag
brown braun
browse: can I just browse around? kann ich mich
   mal umsehen?
brutto gross
budget der Etat [ay-tah], das Budget [boodjay]
budgeting die Kalkulation
buffet das Büffet
build bauen
building das Gebäude
bunch of flowers ein Blumenstrauß
Bundesrepublik Deutschland Federal Republic of
   Germany
bunk das Bett
   (in ship) die Koje
buoyant *(market)* rege
Büro office
bus der Bus
   bus stop die Bushaltestelle
   could you tell me when we reach my stop?
   können Sie mir bitte sagen, wo ich aussteigen muß?

ä [eh], au as in how, äu, eu [oy], ei as in I, ie [ee], ö as in
her, ü, y as in huge, -b [-p], -d [-t], j [y], qu [kv], s- [z-],
ß [ss], v [f], w [v], z [ts]

» *TRAVEL TIP: bus travel; on town bus routes you may have to buy your ticket from a machine near the bus stop before you get on the bus*

business das Geschäft

I'm here on business ich bin geschäftlich hier

business trip die Geschäftsreise

we have a business proposition to put to you wir möchten Ihnen ein Geschäft vorschlagen

we look forward to doing more business with you wir würden uns über weitere geschäftliche Zusammenarbeit mit Ihnen freuen

it's a pleasure to do business with you die Zusammenarbeit mit Ihnen ist uns ein Vergnügen

our business relationship unsere Geschäftsverbindung

that's not the way we do business mit solchen Methoden arbeiten wir nicht

business is business Geschäft ist Geschäft

busy beschäftigt

(telephone) besetzt

are you busy? haben Sie viel zu tun?

we're very busy these days wir haben in letzter Zeit viel zu tun

but aber

not ... but nicht ..., sondern ...

butter die Butter

button der Knopf

buy kaufen

where can I buy ...? wo kann ich ... kaufen?

I'll buy it ich nehme es

nobody's buying them keiner kauft sie

our company has been bought by ... unsere Firma wurde von ... aufgekauft

we'll buy up the remaining stock wir kaufen die restlichen Bestände auf

buyer der (Ein)käufer

buying department *(purchasing)* der Einkauf

by: I'm here by myself ich bin allein hier

can you do it by January? können Sie das bis Januar erledigen?

by train/car/plane per Bahn/Auto/Flugzeug
by the station am Bahnhof
who's it made by? wer ist der Hersteller?
signed by ... von ... unterschrieben
bzw. = *beziehungsweise* or; respectively

C

ca. = *circa* about, approx.
cabin (on ship) die Kabine
cable (message) ein Telegramm
café ein Café
» TRAVEL TIP: in the "Konditorei" or "Café" you will
get mostly coffee and cakes; alcohol and snacks
are served too; for a fuller café-type meal go to an
"Imbißstube" or "Schnellimbiß," otherwise a bar or
restaurant
cake der Kuchen
   a piece of cake ein Stück Kuchen
calculate kalkulieren
calculator der Rechner
call (on goods) der Abruf
call: will you call the manager? rufen Sie bitte den
Geschäftsführer!
   what is this called? wie heißt das?
   he'll be calling on you next week er wird nächste
Woche bei Ihnen vorbeikommen
   I'll call you back ich rufe zurück
   see **telephone**
calm ruhig
   calm down beruhigen Sie sich
camera die Kamera
campaign eine Kampagne
can: can you ...? können Sie ...?
   I can't ... ich kann nicht ...

ä [eh], au as in how, äu, eu [oy], ei as in I, ie [ee], ö as in
her, ü, y as in huge, -b [-p], -d [-t], j [y], qu [kv], s- [z-],
ß [ss], v [f], w [v], z [ts]

he can't ... er kann nicht ...
we can't ... wir können nicht ...
can they ...? können sie ...?
Canada Kanada
Canadian kanadisch
cancel (order) stornieren
  I want to cancel my reservation ich möchte meine
  Buchung rückgängig machen
  can we cancel our dinner for tonight? können wir
  das Abendessen für heute abbestellen?
  the flight has been cancelled der Flug fällt aus
cancellation die Stornierung
capacity die Kapazität
capital (money) das Kapital
capital assets Kapitalanlagen
capital equipment Anlagegüter
capital expenditure der Kapitalaufwand
capital-intensive kapitalintensiv
car das Auto
carafe eine Karaffe
card: business card die Geschäftskarte, Visitenkarte
  do you have a card? haben Sie eine
  Geschäftskarte?
care: will you take care of my briefcase for me?
  würden Sie bitte auf meine Aktentasche
  aufpassen?
careful: be careful seien Sie vorsichtig
car-ferry die Autofähre
cargo die Fracht
carriage paid frei Haus
carrier der Spediteur
carry: will you carry this for me? können Sie das
  bitte für mich tragen?
carry on weitermachen
  please carry on as before machen Sie bitte so
  weiter wie bisher
carry out: not properly carried out nicht richtig
  durchgeführt
  we've carried out your request wir haben Ihren
  Wünschen Folge geleistet

carton der Karton
case *(suitcase)* der Koffer
    (packing case) die Kiste
    in that case in diesem Fall
    or as the case may be je nachdem
    in such cases in solchen Fällen
    he has a good case er hat ein gutes Argument
    see **special**
cash das Bargeld
    I haven't any cash ich habe kein Bargeld
    will you cash a check for me? können Sie mir
    einen Scheck einlösen?
»   *TRAVEL TIP: it is recommended to carry a certain*
    amount of cash since checks or credit cards are
    only used to pay larger amounts
cash flow der Cash-flow, die Liquidität
cash flow forecast die Liquiditätsprognose
cash flow problems Liquiditätsprobleme
    because of cash flow problems wegen finanzieller
    Engpässe
cashier's desk die Kasse
cassette eine Cassette
catch: where do we catch the bus? wo fährt der Bus
    ab?
cater to: to cater to your special needs um Ihre
    besonderen Wünsche zu berücksichtigen
cause: the cause of the trouble die Ursache des
    Problems
    the main cause der Hauptgrund
    it's caused some inconvenience es hat schon
    einige Unannehmlichkeiten bereitet
ceiling *(Fin: limit)* die Grenze
    up to a ceiling of ... bis zu einer Grenze von ...
cellophane das Cellophan
centigrade Celsius
»   *to convert C to F:* $\frac{C}{5} \times 9 + 32 = F$

ä [eh], au as in h*ow*, äu, eu [oy], ei as in I, ie [ee], ö as in
her, ü, y as in h*uge*, -b [-p], -d [-t], j [y], qu [kv], s- [z-],
ß [ss], v [f], w [v], z [ts]

centigrade	−10 −5 0 10 15 21 30 36.9
Fahrenheit	14 23 32 50 59 70 86 98.4

centimeter ein Zentimeter
» 1 cm = 0.39 inches   1″ = 2.54 cm
central zentral
center (downtown) das Zentrum
   how do we get downtown? wie kommen wir zur
   Stadtmitte?
certain bestimmt
   are you certain? sind Sie sicher?
   we're certain that ... wir sind sicher, daß ...
   please make certain that ... bitte prüfen Sie nach,
   ob ...
   I'll make certain (check) ich prüfe es nach
certificate eine Bescheinigung
certificate of insurance der Versicherungsschein, die
   Police
chainstore ein Kettenladen
chair der Stuhl
   (armchair) der Sessel
   to be in the chair (at meeting) den Vorsitz führen
chairman der Vorsitzende
chairperson/woman der/die Vorsitzende
chambermaid das Zimmermädchen
chamber of commerce die Handelskammer
champagne der Sekt
chance: just one more chance nur noch eine Chance
   it's an excellent chance to ... es ist eine
   ausgezeichnete Gelegenheit, um zu ...
change: there are going to be a lot of changes es wird
   sich vieles ändern
   three more changes to the contract/specifications
   noch drei Änderungen am Vertrag/in den
   Angaben
   keep us informed of any changes in the situation
   halten Sie uns auf dem laufenden
   I don't have any small change ich habe kein
   Kleingeld
   could you change this into marks? können Sie das
   bitte in D-Mark umtauschen?

do we have to change trains? müssen wir umsteigen?

I'd like to change my reservation/flight, etc. ich möchte umbuchen

it can't be changed now es kann jetzt nicht mehr geändert werden

a lot of people are changing to ... viele Leute wechseln jetzt zu ... über

channel: the Channel der Ärmelkanal

charge: what do you charge? was verlangen Sie?

what are the charges? wie hoch sind die Gebühren?

no extra charge kein Aufpreis

who's in charge? wer hat die Verantwortung?

charge it stellen Sie es in Rechnung

we have charged it to your account wir haben es Ihnen in Rechnung gestellt

whom do I charge it to? wem soll ich das berechnen?

chart *(flow chart, etc.)* ein Diagramm

cheap billig

check der Scheck

will you take a check? nehmen Sie Schecks?

check: detailed checks have shown that ... genaue Überprüfungen haben gezeigt, daß ...

regular checks will be carried out es werden regelmäßige Kontrollen durchgeführt

will you check? bitte prüfen Sie das nach

I've checked ich habe es nachgeprüft

will you check the total? können Sie bitte die Endsumme überprüfen?

we checked in/we checked out wir haben uns angemeldet/abgemeldet

have you checked your facts? haben Sie Ihre Angaben genau überprüft?

I'll check it out ich werde das überprüfen

ä [eh], au as in how, äu, eu [oy], ei as in I, ie [ee], ö as in her, ü, y as in huge, -b [-p], -d [-t], j [y], qu [kv], s- [z-], ß [ss], v [f], w [v], z [ts]

(*find out*) ich seh mal nach
checkbook das Scheckbuch
check card die Scheckkarte
» TRAVEL TIP: *check card—most often used in
connection with "Eurocheques," checks with
guaranteed payment up to DM300. "Eurocheques"
can be used all over Europe and North Africa*
checklist die Checkliste
checkroom (*luggage*) die Gepäckaufbewahrung
chef der Koch
chest die Brust
children die Kinder
chocolate die Schokolade
choice: a wider choice of products eine größere
Auswahl an Produkten
we have no choice es bleibt uns keine andere
Wahl
choose auswählen
Christmas Weihnachten
cider der Apfelmost
c.i.f. cif [sif]
cigar die Zigarre
cigarette die Zigarette
circular (*memo*) das Rundschreiben
circumstances: under no circumstances unter keinen
Umständen
in the circumstances unter diesen Umständen
citizen der/die Staatsbürger/in
city die Stadt
claim: our claim against the carrier unser Anspruch
an die Transportfirma
the claims we make for our products die
Eigenschaften, die wir unseren Produkten
zuschreiben
we intend to claim damages wir wollen Anspruch
auf Schadenersatz erheben
clarification die Klarstellung
clarify klarstellen
clean sauber
clear klar

I'm not clear about it ich bin mir darüber nicht im klaren

I want to make this perfectly clear ich möchte das ein für alle Mal klarstellen

I'd be grateful if you would clear it up ich wäre Ihnen für eine Klarstellung dankbar

when they're cleared through Customs nach der Zollabfertigung

clearance (customs) die Zollabfertigung

clearing bank die Clearingbank

clerical error ein Versehen

clerk der/die kaufmännische Angestellte

clever klug

client der Klient

cloakroom die Garderobe

clock die Uhr

close (near) nah

when do you close? wann machen Sie zu?

closed geschlossen

close down (business) stillegen

they've closed down sie haben zugemacht

cloth das Tuch

clothes die Kleidung

co- Ko-, ko-

c/o bei, c/o

coat der Mantel

c.o.d. per Nachnahme

cocktail: cocktail party ein Cocktail Empfang

coffee ein Kaffee

with cream/black coffee Kaffee mit Milch/schwarzer Kaffee

two coffees, please zwei Kaffee, bitte

YOU MAY THEN HEAR ...

Kännchen oder Tassen? *pots or cups?*

a pot is usually 2 cups; coffee and cream are always served separately

---

ä [eh], au as in h*ow*, äu, eu [oy], ei as in I, ie [ee], ö as in her, ü, y as in h*uge*, -b [-p], -d [-t], j [y], qu [kv], s- [z-], ß [ss], v [f], w [v], z [ts]

coin die Münze
coincidence der Zufall
cold kalt
   I've got a cold ich bin erkältet
   I'm cold es ist mir kalt
collaboration die Zusammenarbeit
collar der Kragen
collateral die Sicherheit
colleague der Kollege/die Kollegin
collect: a collect call ein R-Gespräch
» TRAVEL TIP: *reverse charge calls are possible within Germany*
collection (*of debts*) die Einziehung
   bill for collection ein Inkassowechsel
color die Farbe
   do you have any other colors? haben Sie das noch in anderen Farben?
comb ein Kamm
come kommen
   I come from New York ich komme aus New York
   we came here yesterday wir sind gestern hier angekommen
   when is he coming? wann kommt er?
   come on! kommen Sie!
   if we come to an agreement falls wir zu einer Übereinkunft kommen
   when are you next coming to see us? wann kommen Sie das nächste Mal zu uns?
comfortable bequem
comments Kommentare
   do you have any comments? haben Sie noch Kommentare dazu?
commerce der Handel
commercial kommerziell
commission die Provision
   on a commission basis auf Provision(sbasis)
commission agent der Kommissionär, der Provisionsvertreter
commit: we're fully committed to this project wir haben uns in dieser Sache vollkommen festgelegt

we've committed a lot of time/money to this project wir haben in diese Sache viel Zeit/Geld investiert

you don't have to commit yourself Sie brauchen sich nicht festzulegen

I can't commit myself now ich kann mich jetzt noch nicht festlegen

commitment: our financial commitments unsere finanziellen Verpflichtungen

committee das Komitee

committee meeting die Ausschußsitzung

Common Market die EG [ay-gay]

common stock die Stammaktien

commute pendeln

company die Firma

company car der Firmenwagen

company policy die Firmenpolitik

company report der Firmenbericht

compare vergleichen

compared with last year im Vergleich zum Vorjahr

compensation die Entschädigung

I demand compensation ich verlange Schadenersatz

compete konkurrieren

we can't compete with these prices wir können mit diesen Preisen nicht mithalten

competent (*qualified, authorized*) kompetent

I'm not competent to deal with that ich fühle mich in dieser Angelegenheit nicht kompetent

competition die Konkurrenz

strong competition große Konkurrenz

competitive (*prices, product*) konkurrenzfähig

competitors: our competitors die Konkurrenz

complain sich beschweren

complaint die Beschwerde

ä [eh], au as in h*ow*, äu, eu [oy], ei as in *I*, ie [ee], ö as in h*er*, ü, y as in h*u*ge, -b [-p], -d [-t], j [y], qu [kv], s- [z-], ß [ss], v [f], w [v], z [ts]

complete: is work complete? ist die Arbeit
abgeschlossen?
   the complete range das komplette Angebot
completely völlig
completion: on completion of the work nach
Abschluß der Arbeit
complicated: it's very complicated es ist sehr
kompliziert
compliment das Kompliment
   my compliments to the chef ein Lob der Küche
comply: in order to comply with your requests ...
um Ihren Wünschen zu entsprechen
   it doesn't comply with ... das entspricht nicht ...
component ein Bauteil
computer der Computer, Rechner
computerized computerisiert
concern: we are very concerned to hear that ... wir
sind sehr beunruhigt, daß ...
   as far as we are concerned was uns betrifft
   concerning your letter bezüglich Ihres Schreibens
concession die Konzession
concessionaire der Konzessionär
conclusion: what's your conclusion? zu welchem
Schluß sind Sie gekommen?
   we must draw the appropriate conclusions wir
müssen die entsprechenden Schlüsse ziehen
conclusive endgültig
condition die Bedingung
   it's not in very good condition es ist nicht in
besonders gutem Zustand
conditional acceptance Annahme mit Vorbehalt
conference die Konferenz
conference room (in hotel) der Konferenzraum
confidence das Vertrauen
confidential vertraulich
   this is strictly confidential das ist streng
vertraulich
confirm bestätigen
confirmation die Bestätigung
   we look forward to receiving confirmation wir

sehen dem Erhalt Ihrer Bestätigung mit Interesse entgegen

confirmed letter of credit bestätigter Kreditbrief

conformity die Übereinstimmung

    it is not in conformity with . . . das entspricht nicht . . .

confuse: you're confusing me Sie bringen mich durcheinander

congratulations! herzlichen Glückwunsch!

connection die Verbindung

connoisseur der Kenner

conscious bewußt

consent: do we have your consent? können wir mit Ihrer Zustimmung rechnen?

consequence die Konsequenz

    as a consequence of this als Folge davon

consider: we are considering it wir befassen uns damit

    please ask him to consider it bitten Sie ihn, das zu überdenken

    have you considered making any changes? haben Sie über eventuelle Änderungen nachgedacht?

    it's worth considering es ist eine Überlegung wert

    considering its age in Anbetracht seines Alters

    all things considered wenn man alles in Betracht zieht

consideration: in consideration of . . . mit Rücksicht auf . . .

    after careful consideration nach reichlicher Überlegung

consignee der Empfänger

consigner der Versender

consignment die Sendung, die Ladung

consignment note der Frachtbrief

consul der Konsul

consulate das Konsulat

ä [eh], au as in how, äu, eu [oy], ei as in I, ie [ee], ö as in her, ü, y as in huge, -b [-p], -d [-t], j [y], qu [kv], s- [z-], ß [ss], v [f], w [v], z [ts]

consult: I have to consult with ... ich muß mich mit
... beraten
consultancy die Beratung
  (agency) das Beratungsbüro
consultant der Berater
consultation die Beratung
consumer der Verbraucher
consumer needs die Verbraucherbedürfnisse
contact: a useful contact ein nützlicher Kontakt
  how can I contact ...? wie kann ich ...
  erreichen?
  I'll get in contact soon ich werde mich bald
  melden
  please do not hesitate to contact us setzen Sie sich
  jederzeit mit uns in Verbindung
contacts Beziehungen
container der Container
container terminal der Containerterminal
contract der Vertrag
  under the terms of the contract unter den
  Vertragsbedingungen
contribution *(to a project, etc.)* der Beitrag
control: under our control unter unserer Kontrolle
  the necessary management control die nötige
  Kontrolle von oben
  due to circumstances beyond our control
  aufgrund von unvorhergesehenen Umständen
controlling factor der beherrschende Faktor
convenience: at your earliest convenience möglichst
  bald
convenient günstig
conviction die Überzeugung
convince: I want to convince you that ... ich möchte
  Sie davon überzeugen, daß ...
cook: it's not cooked es ist nicht gar
  it was beautifully cooked das war vorzüglich
cool kühl
cooperate zusammenarbeiten
cooperation die Zusammenarbeit
cooperative kooperativ

coordinate koordinieren
cope: can you cope with that? werden Sie damit
fertig?
copy: 3 copies drei Exemplare
we'll send you a copy wir senden Ihnen ein
Exemplar zu
please copy head office bitte ein Exemplar an die
Zentrale
corner die Ecke
can we have a corner table? können wir einen
Ecktisch haben?
to corner the market Monopolstellung erreichen
corporate secretary der Direktionsassistent/in
correct richtig
correspond to entsprechen
correspondence die Korrespondenz
cost: what does it cost? was kostet das?
our costs unsere Kosten
at cost zum Selbstkostenpreis
it's been carefully costed es wurde genau
kalkuliert
cost analysis die Kostenanalyse
cost-conscious kostenbewußt
cost-effective kosteneffizient
cost estimate der Kostenvoranschlag
costing die Kalkulation
cost price der Selbstkostenpreis
cotton die Baumwolle
cotton wool die Watte
couchette der Liegesitz
could: could you please . . . ? könnten Sie bitte . . . ?
could I have . . . ? könnte ich bitte . . . haben?
we couldn't . . . wir konnten nicht . . .
country das Land
in the country auf dem Land
couple: a couple of . . . ein paar . . .

ä [eh], au as in how, äu, eu [oy], ei as in I, ie [ee], ö as in
her, ü, y as in huge, -b [-p], -d [-t], j [y], qu [kv], s- [z-],
ß [ss], v [f], w [v], z [ts]

courier (express) der Kurier
   by courier per Kurier
course: in the course of the meeting im Verlauf der
   Besprechung
   in the course of the next 3 months im Lauf der
   nächsten drei Monate
   of course natürlich
court: I'll take you to court ich werde Sie vor Gericht
   bringen
cover: to cover our costs um unsere Kosten zu
   decken
   insurance cover die Versicherungsdeckung
cover charge ein Gedeck
cover letter der Begleitbrief
crate eine Kiste
crazy verrückt
credit der Kredit
   (on statement) Guthaben
   our account is in credit wir haben Geld auf dem
   Konto
   to the credit of your account Ihrem Konto zur
   Gutschrift
   **the bank is willing to grant us credit/extend our
   credit** die Bank ist bereit, uns ein Darlehen zu
   gewähren/unser Darlehen zu verlängern
   on the credit side auf der Habenseite
   please credit to the following account ... bitte
   schreiben Sie dem folgenden Konto ... gut
   we are today crediting to you the sum of ... wir
   überweisen Ihnen heute den Betrag von ...
credit card die Kreditkarte
» TRAVEL TIP: Credit cards are not as popular as in
   the U.S. due to competition from "Eurocheques"
   see **check card**
credit facilities Kreditmöglichkeiten
credit limit die Kreditgrenze
credit note eine Gutschrift
creditor der Gläubiger
credit reference Kreditreferenzen
credit terms Kreditbedingungen

credit-worthy kreditwürdig
crisis die Krise
critical path der kritische Pfad
criticism die Kritik
    we have one criticism einen Punkt müssen wir
    kritisieren
criticize kritisieren
cross: our letters must have crossed in the mail
    unsere Schreiben müssen sich gekreuzt haben
cumulative kumulativ
cup die Tasse
    a cup of coffee eine Tasse Kaffee
currency die Währung
current derzeitig
    (month) laufend
current account das Kontokorrentkonto
current assets das Umlaufvermögen
current earnings die laufenden Einnahmen
current liabilities kurzfristige Verbindlichkeiten
customer der Kunde
customer complaint eine Kundenbeschwerde
customer service der Kundendienst
Customs der Zoll
Customs Authorities die Zollbehörden
Customs clearance die Zollabfertigung
Customs duty der Zoll
cut: job cuts Stellenstreichungen
    there have been cuts all around es sind überall
    Einsparungen durchgeführt worden
    to cut costs Kosten verringern
cutback die Einsparung
Czech tschechisch
Czechoslovakia die Tschechoslowakei

ä [eh], au as in how, äu, eu [oy], ei as in I, ie [ee], ö as in
her, ü, y as in huge, -b [-p], -d [-t], j [y], qu [kv], s- [z-],
ß [ss], v [f], w [v], z [ts]

D

damage: we'll pay for the damage wir werden für
den Schaden aufkommen
    it's damaged es ist beschädigt
    damaged in transit beim Transport beschädigt
damages der Schadenersatz
    they are claiming damages sie erheben Anspruch
auf Schadenersatz
Damen ladies
dangerous gefährlich
Danish dänisch
dark dunkel
Darlehen loan
data Daten
data processing die Datenverarbeitung
date: what's the date? der Wievielte ist heute?
    can we set a date? können wir einen Termin
ausmachen?
    on the fifth of May am fünften Mai
    date of invoice das Rechnungsdatum
    to date we have not ... bis heute haben wir noch
nicht ...
    in 1985 neunzehnhundertfünfundachtzig
» *to say the date in German add letters "ten" to the
number if 1-19, and "sten" if 20-31; see numbers
on pages 174-175; exceptions:* **first** ersten; **third**
dritten; **seventh** siebten
day der Tag
dead tot
deadline eine Frist
    if we make/miss the deadline falls wir die Frist
einhalten/nicht einhalten
deadlock eine Pattsituation
deal: we made a deal wir haben ein Geschäft
gemacht
    it's a deal abgemacht
    I'll make a deal with you ich schlage Ihnen ein
Geschäft vor

will you deal with it? kümmern Sie sich bitte darum?

we don't deal in ... wir handeln nicht mit ...

dealer der Händler

dealership die Franchise

dear (*expensive*) teuer

Dear Mr. Kunz Sehr geehrter Herr Kunz

Dear Franz Lieber Franz

Dear Sir(s) Sehr geehrte Damen und Herren

see **letter**

debatable fraglich

debentures die Obligationen

debit (*on statement*) das Soll

a debit of $1,000.00 ein Soll von $1.000,00

on the debit side auf der Sollseite

we have debited you with ... wir haben Ihr Konto mit ... belastet

please debit our account bitte belasten Sie unser Konto

debt die Schuld

debtor der Schuldner

December Dezember

decide: we have decided to ... wir haben beschlossen, ... zu ...

we've decided on ... wir haben uns für ... entschieden

that hasn't been decided yet das ist noch nicht entschieden

decision die Entscheidung

we need a decision today wir brauchen noch heute eine Entscheidung

if we reach/make a decision falls wir eine Entscheidung treffen

decision-maker der Entscheidungsträger

declare: nothing to declare nichts zu verzollen

decrease (*in sales, etc.*) ein Rückgang

ä [eh], au as in h*o*w, äu, eu [oy], ei as in I, ie [ee], ö as in her, ü, y as in h*u*ge, -b [-p], -d [-t], j [y], qu [kv], s- [z-], ß [ss], v [f], w [v], z [ts]

deep tief
defect der Fehler
defective fehlerhaft
deficit das Defizit
defendant der/die Angeklagte
   (in civil cases) der/die Beklagte
definite definitiv
   it's not definite yet das ist noch nicht sicher
definitely bestimmt
   definitely not bestimmt nicht
delay *(in production, etc.)* die Verzögerung
   the flight was delayed die Maschine hatte
   Verspätung
deliberately absichtlich
delicate *(situation)* heikel
delicious köstlich
deliver: when can you deliver? wann können Sie
   liefern?
delivery: what sort of delivery are you looking for?
   welche Lieferzeit erwarten Sie?
   to take delivery of something etwas in Empfang
   nehmen
   is there another mail delivery? gibt es noch eine
   Zustellung?
delivery date der Liefertermin
delivery deadline die Lieferfrist
deluxe Luxus-
demand *(for goods)* die Nachfrage
   (not) in demand (nicht) gefragt
demonstration *(of gadget)* eine Vorführung
Denmark Dänemark
dentist der Zahnarzt
deny: I deny it das bestreite ich
department store das Kaufhaus
departure die Abreise
   (bus, train) die Abfahrt
   (plane) der Abflug
depend: it depends das kommt darauf an
   it depends on him das kommt auf ihn an
   you can depend on it Sie können sich darauf

verlassen
deposit die Kaution
    do I have to leave a deposit? muß ich eine
    Kaution hinterlegen?
    15% deposit, down-payment fünfzehn Prozent als
    Anzahlung
depot das Depot
depreciation *(of goods)* die Wertminderung
    (on balance sheet) Abschreibungen
depressed *(market)* flau
describe beschreiben
description die Beschreibung
desirable: it would be desirable if . . . es wäre
    wünschenswert, wenn . . .
dessert der Nachtisch, das Dessert
destination das Ziel
    (of goods) der Bestimmungsort
detail die Einzelheit
    let's discuss the details wir wollen die
    Einzelheiten besprechen
    I want to study this in detail ich möchte mich
    ganz genau damit befassen
    a detailed report ein detaillierter Bericht
Detailhändler retailer
detour der Umweg
devalued abgewertet
develop entwickeln
    (a business) ausbauen
    a developing market ein wachsender Markt
development *(of business)* die (Geschäfts)entwicklung
    a recent development eine neuere Entwicklung
    an unexpected development eine
    unvorhergesehene Entwicklung
development loan, aid eine Entwicklungsbeihilfe

ä [eh], au as in h*o*w, äu, eu [oy], ei as in I, ie [ee], ö as in
her, ü, y as in h*u*ge, -b [-p], -d [-t], j [y], qu [kv], s- [z-],
ß [ss], v [f], w [v], z [ts]

Devisen foreign exchange
d.h. = *das heißt* i.e.
diagram das Diagramm
diamond der Diamant
diarrhea der Durchfall
diary der Terminkalender
   I've got it in my diary es steht in meinem
   Terminkalender
dictating machine ein Diktiergerät
dictionary das Wörterbuch
diesel *(fuel)* Diesel
diet die Diät
   I'm on a diet ich mache eine Schlankheitskur
difference der Unterschied
   the price difference der Preisunterschied
   the main difference with our arrangement is ...
   der wesentliche Unterschied bei unserer
   Vereinbarung ist ...
   it doesn't make any difference das ist egal
different: they are different sie sind verschieden
   can I have a different room? kann ich ein anderes
   Zimmer haben?
   is there a different route? gibt es eine andere
   Strecke?
differently anders
difficult schwierig
difficulty die Schwierigkeit
   we're having difficulties with ... wir haben
   Schwierigkeiten mit ...
DIN [deen] = *Deutsche Industrie-Normen*
   equivalent of ASA Standards
dining room *(in hotel)* der Speiseraum
dinner das Abendessen
direct direkt
   does it go direct? ist es eine Direktverbindung?
   if they want to buy direct from us wenn sie direkt
   von uns kaufen wollen
direction die Richtung
   the direction in which things are moving wie sich
   die Dinge entwickeln

follow the directions befolgen Sie die
    Anweisungen
director der Direktor
directory das Verzeichnis
dirty schmutzig
disadvantage der Nachteil
disappear verschwinden
disappointing enttäuschend
disco die Disko
discount der Rabatt
    (*settlement discount*) Skonto
discreet: please be discreet seien Sie bitte diskret
discrepancy eine Diskrepanz
discretion: we'll leave it to your discretion wir
    stellen es in Ihr Ermessen
    at your discretion in Ihrem Ermessen
    discretion is called for Diskretion erwünscht
discuss diskutieren
discussion die Diskussion
dishonest unehrlich
dispatch date der Liefertermin
dispatch note der Begleitschein
display: the items on display die ausgestellten
    Artikel
display pack das Display, die Display-Packung
distance die Entfernung
    in the distance in der Ferne
distribution der Vertrieb
distribution network das Vertriebsnetz
distribution rights Vertriebsrechte
distributor der Vertriebshändler
    (*wholesaler*) Großhändler
distributor discount Händlerrabatt
distributorship die Konzession
disturb: the noise is disturbing me der Lärm stört
    mich

ä [eh], au as in how, äu, eu [oy], ei as in I, ie [ee], ö as in
her, ü, y as in huge, -b [-p], -d [-t], j [y], qu [kv], s- [z-],
ß [ss], v [f], w [v], z [ts]

dividend die Dividende
divest sich trennen (von)
divorced geschieden
do machen
    how do you do? guten Tag/Abend
    what are you doing tonight? was machen Sie
    heute abend?
    how do you do it? wie machen Sie das?
    it won't do das geht nicht
    I've never done it before das habe ich noch nie
    gemacht
    we're doing everything we can wir tun unser
    möglichstes
    what are you doing about it? was unternehmen
    Sie da?
docket der Warenbegleitschein
docks die Docks
doctor der Arzt
    I need a doctor ich brauche einen Arzt
document das Dokument
    accompanying documents beiliegende Dokumente
documentary credit der Dokumentarkredit, das
    Dokumentenakkreditiv
documentation die Dokumentation
Dokumentenakkreditiv documentary credit
dollar der Dollar
domestic *(trade, market, etc.)* Binnen-
    domestic market der Binnenmarkt
    domestic sales der Verkauf im Inland
door die Tür
Doppelsteuerabkommen reciprocal taxation
    agreement
double: double room ein Doppelzimmer
    double whiskey ein doppelter Whisky
    at double the price zum doppelten Preis
double-check: I'll double-check ich (über)prüfe es
    noch einmal
    will you double-check? (über)prüfen Sie es bitte
    noch einmal
down unten

sales are down compared to last year der Verkauf ist gegenüber dem Vorjahr zurückgegangen
sales are down 15% der Verkauf ist um fünfzehn Prozent zurückgegangen
to keep/get costs down die Kosten niedrig halten
down market (stock) die Baisse
down payment eine Anzahlung
downtown das Zentrum
dozen ein Dutzend
draft (of contract, etc.) ein Entwurf
the draft agreement der Vertragsentwurf
drastic drastisch
draw (money) abheben
a bill drawn on ... ein Wechsel auf ... ausgestellt
drawback der Nachteil
drawee der Bezogene
drawer der Aussteller
drawing (plan, etc.) der Plan
draw up (documents) aufsetzen
incorrectly drawn up falsch aufgesetzt
dress das Kleid
drink: would you like a drink? möchten Sie etwas trinken?
I don't drink ich trinke keinen Alkohol
drive: you drive a hard bargain Sie stellen ja harte Forderungen
I've been driving all day ich bin den ganzen Tag gefahren
driver der Fahrer
driver's license der Führerschein
» TRAVEL TIP: driving in Germany; speed limits: 50 kph (31 mph) in town; 100 (62) outside; highways 130 (81) recommended with 60 (37) minimum; trucks max. 80 (49); seat belts must be worn; red triangle and first aid kit compulsory

ä [eh], au as in how, äu, eu [oy], ei as in I, ie [ee], ö as in her, ü, y as in huge, -b [-p], -d [-t], j [y], qu [kv], s- [z-], ß [ss], v [f], w [v], z [ts]

drop: a drop in sales/output ein Rückgang im
   Verkauf/in der Produktion
drücken push
drugstore die Drogerie
   (pharmacy) die Apotheke
drunk betrunken
dry trocken
dry-clean chemisch reinigen
dry cleaner die Reinigung
due: when is the train due? wann soll der Zug
   ankommen?
   the next payment is due on ... die nächste
   Zahlung ist am ... fällig
   it falls due ... es ist am ... fällig
   due to wegen
   in due course zu gegebener Zeit
Durchfahrt verboten no through traffic
Durchgangsverkehr through traffic
Durchschlag carbon copy
during während
Duschen showers
Dutch holländisch
dutiable zollpflichtig
duty *(import)* Einfuhrzoll
duty-free goods zollfreie Ware
dynamic dynamisch

E

each: can we each have one? können wir jeder eins
haben?
   how much are they each? was kosten sie pro
Stück?
early früh
   we want to leave a day earlier wir möchten einen
Tag früher abreisen
   next month at the earliest frühestens nächsten
Monat
east der Osten
Easter Ostern
easy leicht
eat: something to eat etwas zu essen
economic wirtschaftlich
economic forecast die Wirtschaftsprognose
economy: the economy die Wirtschaft
EDV [ay-day-fow]=*elektronische
Datenverarbeitung* EDP
EEC *(Common Market)* die EG [ay-gay]
EEC subsidies EG-Beihilfen
effect *(consequence)* die Auswirkung
   it comes into effect es tritt in Kraft
   with immediate effect mit sofortiger
Wirkung
   with effect next month ab nächsten
Monat wirksam
   no longer in effect außer Kraft
effective *(measures)* wirksam
effectively *(in effect)* effektiv
efficiency die Effizienz
efficient effizient
effort die Mühe
   thank you for your effort vielen Dank für Ihre
Mühe

ä [eh], au as in how, äu, eu [oy], ei as in I, ie [ee], ö as in
her, ü, y as in huge, -b [-p], -d [-t], j [y], qu [kv], s- [z-],
ß [ss], v [f], w [v], z [ts]

we shall spare no effort wir werden keine Mühe scheuen

EFTA die EFTA [ef-tah] *former Free Trade Association—included U.K. & Scandinavian countries*

EG [ay-gay] EEC (Common Market)

Einbahnstraße one-way street

Einfahrt entrance (to highway)

Einfuhr import

Eingang entrance

einordnen get in lane

Einschreiben to register (mail)

Einstieg vorn/hinten enter at the front/rear

Eintritt frei admission free

Einzelhandel retail

either: either ... or ... entweder ... oder
   I don't like either mir gefällt beides nicht

elastic elastisch

electric elektrisch

electrician der Elektriker

electricity die Elektrizität

» *TRAVEL TIP: standard voltage is 220 AC*

electronic elektronisch

elegant elegant

elevator der Fahrstuhl
   the elevator isn't working der Fahrstuhl ist außer Betrieb

else: something else etwas anderes
   somewhere else irgendwo anders
   let's go somewhere else gehen wir woanders hin
   who else? wer sonst?
   or else sonst

embarrassed verlegen

embarrassing peinlich

embassy die Botschaft

emergency der Notfall

Empfänger consignee; addressee

emphasis: we put the emphasis on ... wir legen besonderen Wert auf ...

emphasize betonen

employ einstellen
employee der Arbeitnehmer
employer der Arbeitgeber
employment: your employees
    Ihre Angestellten
    to create employment Stellen schaffen
empty leer
enclose: I enclose . . . ich füge . . . bei
enclosed: please find enclosed . . . anbei übersenden
    wir Ihnen . . .
    the enclosed check beiliegender Scheck
end das Ende
    when does it end? bis wann geht es?
engagement: a prior engagement ein bereits
    ausgemachter Termin
engine die Maschine
    (of car, plane) der Motor
engineer der Ingenieur; der Techniker
engineering der Maschinenbau
    consulting and design Technischer Entwurf u.
    Beratung
    very advanced engineering Spitzentechnologie
    some engineering problems einige
    technische Probleme
England England
English englisch
    the English die Engländer
enormous enorm
enough genug
    thank you, that's enough danke, das genügt
ensure sicherstellen
    please ensure that . . . stellen Sie bitte sicher,
    daß . . .
entail zur Folge haben
    this will entail . . . das hat . . . zur Folge
entertainment die Unterhaltung

ä [eh], au as in h*ow*, äu, eu [oy], ei as in I, ie [ee], ö as in
her, ü, y as in h*uge*, -b [-p], -d [-t], j [y], qu [kv], s- [z-],
ß [ss], v [f], w [v], z [ts]

entitle berechtigen
  you will be entitled to ... Sie sind zu ...
  berechtigt
Entladung unloading
entrance der Eingang
entry der Eintritt
envelope der Umschlag
envisage sich etwas vorstellen
  do you envisage any changes? halten Sie
  eventuelle Änderungen für wahrscheinlich?
equipment die Ausrüstung
  electrical equipment Elektrogeräte
equity (*capital*) das Eigenkapital
equivalent: that is the equivalent of ... das
  entspricht ...
  or any equivalent method oder eine
  entsprechende Methode
Erdgeschoß first floor
Erfrischungen refreshments
error der Fehler
  sent to you in error aus Versehen an Sie geschickt
Erste Hilfe first aid
Erwachsene adults
especially besonders
essential notwendig
  it is essential that ... es ist unbedingt
  erforderlich, daß ...
establish: we have established that ... (*found out*)
  wir haben herausgefunden, daß ...
estimate die Schätzung
  (*of costs*) der Kostenvoranschlag
  what's your estimate? was veranschlagen Sie?
  we estimate that ... wir schätzen, daß ...
  estimated costs veranschlagte Kosten
  sales estimate die Absatzkalkulation
ETA geschätzte Ankunft
Etat budget
Europe Europa

European europäisch
even: even the Americans sogar die Amerikaner
evening der Abend
   good evening guten Abend
   this evening heute abend
evening dress der Abendanzug
   (*woman's*) das Abendkleid
ever: have you ever been to . . . ? waren Sie schon
   einmal in . . . ?
every jede(r, s)
everyone jeder
   is everyone here? sind alle da?
everything alles
   everything we've tried alles, was wir versucht
   haben
everywhere überall
evidence der Beweis
exact(ly) genau
exaggerate übertreiben
example das Beispiel
   for example zum Beispiel
exceed übersteigen
   not exceeding $500.00 nicht über $500,00
excellent ausgezeichnet
except außer
   except me außer mir
exception eine Ausnahme
   as an exception ausnahmsweise
   we can't make any exceptions wir können keine
   Ausnahme machen
excess baggage das Übergewicht
excess fare der Zuschlag
exchange (*for money*) die Wechselstube
   (*telephone operator*) das Fernamt
   a useful exchange of ideas ein wertvoller
   Gedankenaustausch

ä [eh], au as in how, äu, eu [oy], ei as in I, ie [ee], ö as in
her, ü, y as in huge, -b [-p], -d [-t], j [y], qu [kv], s- [z-],
ß [ss], v [f], w [v], z [ts]

exchange rate der Wechselkurs
exciting (*idea*) hochinteressant; aufregend
excuse: excuse me entschuldigen Sie bitte
　　I offer no excuses ich will mich nicht
　　entschuldigen
executive ein leitender Angestellter
ex factory ab Fabrik
ex gratia payment eine Sonderzahlung
exhausted erschöpft
exhibition die Ausstellung
exhibitor der Aussteller
exit der Ausgang
expect erwarten
　　we didn't expect that das haben wir nicht
　　erwartet
　　larger than expected größer als erwartet
expenditure die Ausgaben
expense die Kosten
　　at your/our expense auf Ihre/unsere Kosten
expense account das Spesenkonto
　　it's on our expense account das geht auf Spesen
expensive teuer
experience die Erfahrung
　　in our experience unserer Erfahrung nach
experienced erfahren
experimental: an experimental model ein
　　Versuchsmodell
　　on an experimental basis auf Probebasis
expert der Experte
expiration der Ablauf
　　the expiration of the contract der Vertragsablauf
expiration date das Verfalldatum, der Verfallstag
expire: it expires next month es läuft nächsten Monat
　　ab
explain erklären
　　would you explain that slowly? können Sie das
　　bitte langsam erklären?
explanation die Erklärung
export der Export
　　(*verb*) exportieren, ausführen

export director der Exportdirektor
export documents die Exportdokumente
export drive die Exportkampagne
export license die Exportlizenz
export manager der Exportmanager
express (*letter*) per Expreß, per Eilboten
extend verlängern
extension die Verlängerung
extra extra
    an extra cost/month zusätzliche Kosten/ein
    zusätzlicher Monat
    is that extra? wird das extra berechnet?
extremely äußerst
ex warehouse ab Lager
ex works ab Werk

F

Fa.=Firma firm
Fabrik factory
face das Gesicht
facility die Einrichtung
    we don't have the facilities to ... wir haben keine
    Einrichtungen, um ... zu ...
fact die Tatsache
fact-finding tour die Informationsreise
factor der Faktor
factory die Fabrik
factsheet das Informationsblatt
Fahrenheit
» *to convert F to C:* $F-32\times\frac{5}{9}=C$

Fahrenheit	14	23	32	50	59	70	86	98.4
centigrade	−10	−5	0	10	15	21	30	36.9

Fahrkarten tickets

ä [eh], au as in h*ow*, äu, eu [oy], ei as in I, ie [ee], ö as in
her, ü, y as in huge, -b [-p], -d [-t], j [y], qu [kv], s- [z-],
ß [ss], v [f], w [v], z [ts]

fail: if we fail to meet the target falls wir das
  gesteckte Ziel nicht erreichen
failing: failing that wenn das nicht möglich ist
failure der Mißerfolg
failure rate die Mißerfolgsquote
fair gerecht, fair
  (*commercial*) die Messe
  that's not fair das ist nicht fair
faithfully: yours faithfully Mit freundlichen Grüßen
  see **letter**
fake eine Fälschung
fall (*season*) der Herbst
fall fallen
  he's fallen er ist hingefallen
  prices/sales are falling die Preise fallen/der
  Absatz geht zurück
  falling demand/interest rates zurückgehende
  Nachfrage/fallende Zinsen
  output fell to ... der Umsatz ging auf ... zurück
  we can always fall back on ... wir können stets
  auf ... zurückgreifen
fällig due
Fälligkeit maturity
Fälligkeitstag maturity date
false falsch
famous berühmt
fan der Ventilator
far weit
  is it far? ist es weit?
  how far is it? wie weit ist es?
fare (*travel*) der Fahrpreis
  (*on plane*) der Flugpreis
far-fetched weithergeholt
f.a.s. frei Kai
fascinating faszinierend
fashion die Mode
fast schnell
  don't speak so fast sprechen Sie bitte nicht so
  schnell!
fault der Fehler

it's not our fault das ist nicht unsere Schuld
faulty defekt
favor: credit in your/our favor Guthaben zu
 Ihren/unseren Gunsten
 I'm in favor ich bin dafür
 we would favor ... wir würden ... vorziehen
favorable (*conditions, terms*) günstig
 we look forward to a favorable reply wir sehen
 Ihrer positiven Antwort mit Interesse entgegen
 if we get a favorable reply wenn die Antwort
 positiv ausfällt
favorite Lieblings-
 our favorite method die von uns bevorzugte
 Methode
fax: by fax per Telefax
feature (*of product*) ein besonderes Merkmal
 one of the main features of ... eine der
 Haupteigenschaften von ...
February Februar
fee die Gebühr
feedback das Feedback
 if you give us more feedback wenn wir mehr
 Feedback von Ihnen bekommen
feel: I feel certain/tired ich bin sicher/müde
 I feel like ... ich habe Lust auf ...
felt-tip ein Filzstift
Fernschreiben telex
fernschriftlich by telex
Fernsprecher telephone
ferry die Fähre
Feuermelder fire alarm
few einige
 only a few nur ein paar
 a few days ein paar Tage
fewer than ... weniger als ...
fiasco ein Fiasko

ä [eh], au as in how, äu, eu [oy], ei as in I, ie [ee], ö as in
her, ü, y as in huge, -b [-p], -d [-t], j [y], qu [kv], s- [z-],
ß [ss], v [f], w [v], z [ts]

field das Gebiet
   in the field of ... auf dem Gebiet des/der ...
fieldwork Arbeit im Außendienst
fierce (*competition*) hart
fifty-fifty fifty-fifty
figure die Zahl
   let's look at the figures wir wollen die Zahlen
   ansehen
   the figures are quite clear die Zahlen sind ganz
   eindeutig
   sales figures die Verkaufsziffern
file die Akte
   (*box file, etc.*) der Ordner
   (*computers*) die Datei
   they're not on file sie sind nicht bei den Akten
Filiale branch
fill füllen
   to fill in a form ein Formular ausfüllen
film der Film
final letzte(r,s)
   final draft der endgültige Entwurf
   final offer das letzte Angebot
   final reminder die letzte Aufforderung
finalize fertigmachen
   we're still finalizing our plans wir sind noch bei
   der endgültigen Festlegung der Pläne
   another two weeks to finalize matters noch
   vierzehn Tage, um die Sache endgültig
   abzuschließen
finance finanzieren
   extra finance zusätzliche Finanzmittel
   to finance a project ein Projekt finanzieren
finance director (*vice president finance*) der
   Finanzdirektor
financial finanziell
   the financial aspect der finanzielle Aspekt
   financial assistance die finanzielle Unterstützung
   it makes financial sense es ist aus finanzieller
   Sicht sinnvoll
   the last financial year das letzte Rechnungsjahr

financially finanziell
   financially sound finanziell gesichert
Finanzamt IRS
find finden
   if you find it wenn Sie es finden
   I've found a . . . ich habe ein . . . gefunden
fine gut, schön
   50 marks fine eine Geldstrafe von fünfzig Mark
   O.K., that's fine das ist gut
finger der Finger
finish: I haven't finished ich bin noch nicht fertig
   well/poorly finished goods gut/schlecht
   verarbeitete Waren
Finland Finnland
Finnish finnisch
fire: fire! Feuer!
   he's been fired er ist entlassen worden
firm die Firma
   a firm offer ein festes Angebot
   a firm order eine definitive Bestellung
   we need firmer control wir brauchen strengere
   Kontrollen
firm up: we want to firm up this order wir wollen
   den Auftrag unter Dach und Fach bringen
first erste(r,s)
   I was first ich bin erster
   at our first meeting bei unserer ersten
   Besprechung
   in the first place zunächst
   at first zuerst
first class erster Klasse
first name der Vorname
» *TRAVEL TIP: use of first names is not standard*
   practice in business; best to let the German
   speaker take the initiative
fit: not fit for use unbrauchbar

ä [eh], au as in *how*, äu, eu [oy], ei as in *I*, ie [ee], ö as in
her, ü, y as in *huge*, -b [-p], -d [-t], j [y], qu [kv], s- [z-],
ß [ss], v [f], w [v], z [ts]

we'll fit a new part wir bringen ein neues Teil an
it doesn't fit das paßt nicht
can you fit us in tomorrow? können Sie uns
morgen einen Termin geben?
fix (*date, meeting*) vereinbaren
can you fix it? (*arrange, repair*) können Sie das
machen?
fixed costs die Fixkosten
flat flach
flat rate eine Pauschale
flavor der Geschmack
flexible flexibel
flight number die Flugnummer
float (*the dollar, etc.*) floaten
floor der Boden
on the first floor im Erdgeschoß
floppy disk die Diskette
flourishing gutgehend
flow: the flow of information der Informationsfluß
flowchart ein Flußdiagramm
flower die Blume
flu die Grippe
fluctuations Fluktuationen
fluent fließend
he speaks fluent German er spricht fließend
Deutsch
f.o.b. fob [fop], frei Schiff
foggy neblig
folder (*file*) die Aktenmappe
follow folgen
follow the instructions befolgen Sie die
Anweisungen
as follows wie folgt
we'll follow it up wir gehen der Sache nach
would you follow up on this würden Sie der
Sache bitte nachgehen
follow-up: what sort of follow-up are you planning?
welche weiteren Maßnahmen planen Sie?
follow-up publicity die Nachfaßwerbung
food das Essen

food poisoning die Lebensmittelvergiftung
foot der Fuß
» *1 foot=30.1 cm=0.3 meters*
f.o.r. frei Bahn
for für
    for 3 months drei Monate lang
    valid for 3 years drei Jahre gültig
    I'm for the idea ich bin für den Vorschlag
forbidden verboten
forecast: our production forecast die Prognose für
    unsere Produktion
    the forecast sales level die vorausgesagten
    Verkaufsziffern
foreign ausländisch
foreigner ein Ausländer
foreign exchange Devisen
foreign exchange market der Devisenmarkt
foresee vorhersehen
forever: it takes forever das dauert eine Ewigkeit
forget vergessen
    I forget, I've forgotten ich habe es vergessen
    don't forget vergessen Sie nicht
fork die Gabel
form (*document*) das Formular
formal formell
    (*person, matter*) förmlich
formal acceptance (*of invitation*) förmliche Zusage
    (*of goods*) formelle Annahme
format das Format
    in a new format in einem neuen Format
former: the former der/die/das erstere
formula die Formel
forthcoming (*visit, etc.*) bevorstehend
fortunately zum Glück
forward vorwärts
    could you forward my mail? könnten Sie mir bitte

ä [eh], au as in h*o*w, äu, eu [oy], ei as in I, ie [ee], ö as in
her, ü, y as in huge, -b [-p], -d [-t], j [y], qu [kv], s- [z-],
ß [ss], v [f], w [v], z [ts]

die Post nachsenden?
forwarding address die Nachsendeadresse
forwarding agent der Spediteur
forwarding instructions die Lieferanweisungen
found (*company*) gründen
Fracht freight
Frachtbrief bill of lading
fragile zerbrechlich
framework (*for agreement*) der Rahmen
   within the framework of ... im Rahmen ...
France Frankreich
franchise die Franchise
frank: I'll be frank ich will ganz offen sein
franko free delivery
fraud der Betrug
freak result ein außergewöhnliches Ergebnis
free frei
   admission free Eintritt frei
   when will he be free? wann hat er Zeit?
   one free for every twelve ordered ein
   Gratisexemplar pro zwölf bestellte
   free of charge kostenlos
   free port ein Freihafen
   free sample eine Gratisprobe
freelance freiberuflich
freeze: a pay freeze ein Lohnstopp
frei ans Schiff free alongside ship (F.A.S.)
freight die Fracht
freight charges die Frachtkosten
freight collect per Nachnahme
frei Haus freight prepaid
frei Schiff free on board (F.O.B.)
frei Waggon free on rail (F.O.R.)
Fremdenzimmer rooms
French französisch
Frenchman Franzose
Frenchwoman Französin
frequent häufig
Friday Freitag
friend ein Bekannter/eine Bekannte

(*more intimate*) ein Freund/eine Freundin
friendly freundlich
Frist period; *deadline*
from von
    from the U.S. aus Amerika
    where is it from? woher kommt es?
    from June 14th vom vierzehnten Juni an
    from then on von da an
    from $250.00 ab $250,00
front die Vorderseite
    in front of you vor Ihnen
    in the front vorn
    10% up front zehn Prozent im voraus
    how much up front cash? wieviel Geld im
    voraus?
fruitful (*talks*) fruchtbar
frustrating frustrierend
FS=Fernschreiben telex
fulfill (*conditions*) erfüllen
full voll
fulltime (*work*) ganztags
function die Funktion
    (*verb*) funktionieren
fun: it's fun das macht Spaß
fundamental grundlegend
Fundbüro Lost and Found
funny komisch
furniture Möbel
further weiter
    further information weitere Informationen
    for further details write to . . . sollten Sie weitere
    Informationen wünschen, so schreiben Sie an . . .
    further to your letter of . . . mit Bezug auf Ihr
    Schreiben vom . . .
future die Zukunft
    in the future in der Zukunft
futures Termingeschäfte

ä [eh], au as in h*o*w, äu, eu [oy], ei as in I, ie [ee], ö as in her, ü, y as in h*u*ge, -b [-p], -d [-t], j [y], qu [kv], s- [z-], ß [ss], v [f], w [v], z [ts]

G

gadget eine Vorrichtung
gain: a gain of 15% ein Anstieg von fünfzehn Prozent
gallon die Gallone
» *1 gallon=3.79 liters*
gamble: it's a gamble es ist riskant
gap (*in market*) eine Marktlücke
garage (*repair*) eine Werkstatt
    (*gas station*) eine Tankstelle
    (*parking*) eine Garage
gas das Gas
    (*gasoline*) das Benzin
gas station die Tankstelle
» *TRAVEL TIP: "Super" is high octane (super);*
    "Normal" or "Benzin" corresponds to regular
    octane. Nonleaded gas is not usually available
gear der Gang
    (*equipment*) die Ausrüstung
Gebr.=Gebrüder Bros.
Gebühr fee, charges
Gefahr danger
Gegenverkehr oncoming traffic
Genehmigung permit
general allgemein
generally im allgemeinen
general manager (*CEO*) der Geschäftsführer, General
    Direktor
generate (*demand*) erzeugen
generous großzügig
genius ein Genie
gentleman der Herr
gentlemen's agreement ein Gentlemen's Agreement
genuine echt
geöffnet open
German Deutsch
    the Germans die Deutschen
    (*person*) Deutscher/Deutsche
    I don't speak German ich spreche kein Deutsch
Germany Deutschland
ges., Gesamt- total

Geschäft business; deal; *shop*
Geschäftszeichen reference
Geschwindigkeitsbegrenzung speed limit
Gesellschaft company, corporation
gesture eine Geste
get: will you get me a ... ? holen Sie mir bitte
  ein ... ?
  how do I get to ... ? wie komme ich nach ... ?
  where do I get off? wo muß ich aussteigen?
  where do you get your supplies? woher beziehen
  Sie Ihre Ware?
  you can't get them any cheaper Sie können sie
  nicht billiger bekommen
  where did you get it from? woher haben Sie das?
  I'll get him to look at it ich sage ihm, er soll es
  sich ansehen
  we're not getting anywhere das bringt uns nicht
  weiter
  now we're getting somewhere jetzt kommen wir
  der Sache schon näher
get back: when can I get it back? wann kann ich es
  zurückbekommen?
  when do we get back? wann sind wir zurück?
  I'll get back to you ich werde noch auf Sie
  zurückkommen
gilt-edged securities mündelsichere Wertpapiere
gin Gin
  gin and tonic ein Gin Tonic
girl ein Mädchen
Girokonto current account. *Can be an account with
  any bank or the Post Office, to handle recurrent
  payments (Income and payment of bills)*
give geben
  I gave it to him ich habe es ihm gegeben
  could you give us ... ? können Sie uns bitte ...
  geben?

ä [eh], au as in how, äu, eu [oy], ei as in I, ie [ee], ö as in
her, ü, y as in huge, -b [-p], -d [-t], j [y], qu [kv], s- [z-],
ß [ss], v [f], w [v], z [ts]

I'm practically giving it away das ist fast
geschenkt
glad froh
   we were glad to hear that ... wir haben uns
   darüber gefreut, daß ...
glass das Glas
   a glass of water ein Glas Wasser
glasses die Brille
Glatteis ice (*on sidewalks, roads*)
Gläubiger creditor
Gleis platform
glue der Klebstoff
GmbH [gay-em-bay-hah]=*Gesellschaft mit
   beschränkter Haftung* corporation whose liability
   is limited to extent of capital investment
GmbH & Co. KG [gay-em-bay-hah oont koh kay-gay]
   *a partnership in which liability is borne by the
   partner who is a GmbH*
GNP das Bruttosozialprodukt
go gehen
   where are you going? wo gehen Sie hin?
   he's/it's gone er/es ist weg
   when does the train go? wann fährt der Zug?
   YOU MAY THEN HEAR ...
   alle zehn Minuten *every ten minutes*
   jede Stunde *every hour*
go against: that goes against our policy/decision das
   ist gegen unsere Richtlinien/unseren Beschluß
go ahead: we intend to go ahead with ... wir wollen
   mit ... anfangen
go-ahead: if you give us the go-ahead wenn Sie uns
   Ihre Einwilligung geben
go along: I'll go along with that ich bin damit
   einverstanden
**go back on: you're going back on what you
   said/what we agreed** Sie weichen von unserer
   Vereinbarung ab
go down (*costs, sales*) zurückgehen
   they're going down big in the U.S. (*successful*) sie
   sind ein großer Erfolg in den U.S.

go for: we should be going for 20%/for growth wir sollten zwanzig Prozent/Wachstum anstreben

go into: let's go into this in detail wir wollen uns mit dieser Sache eingehend befassen

go on: if things go on like this wenn alles so weitergeht

go over: I want to go over the results ich möchte die Ergebnisse durchsprechen

go through: let's go through the figures/plans again wir wollen die Zahlen/Pläne noch einmal durchgehen

go up (*prices*) steigen

goal (*objective*) das Ziel

gold das Gold

gold standard der Goldstandard, die Goldwährung

good gut

    their credit is good sie sind kreditwürdig

goodbye auf Wiedersehen

goods die Waren

goodwill (*of business*) der Goodwill, Geschäftswert

go-slow der Bummelstreik

government die Regierung

grace: period of grace die Respektfrist

grade (*of goods*) die (Güte)klasse

gradually allmählich

gram ein Gramm

» *100 grams=approx. 3½ oz.*

grant: government grants (subsidies) Staatszuschüsse

    we can grant an extension of ... wir können eine Verlängerung von ... gewähren

    to grant somebody credit jemandem Kredit gewähren

grateful dankbar

    I'm very grateful to you ich bin Ihnen sehr dankbar

gratitude die Dankbarkeit

ä [eh], au as in how, äu, eu [oy], ei as in I, ie [ee], ö as in her, ü, y as in huge, -b [-p], -d [-t], j [y], qu [kv], s- [z-], ß [ss], v [f], w [v], z [ts]

gray grau
great groß
   (*very good*) großartig
   great! Klasse!
Greece Griechenland
greedy gierig
Greek griechisch
green grün
grim (*outlook, meeting*) schlimm, düster
gross brutto
Großhandel wholesale
Großhändler wholesaler
gross margin die Bruttospanne
gross profit der Bruttogewinn
ground: to help you get this off the ground um das in
   Gang zu bringen
   on the ground auf dem Boden
   on the ground floor im Erdgeschoß
grounds for complaint Grund zur Beschwerde
groundwork die Vorarbeit
group die Gruppe
grow wachsen
   a growing company ein wachsendes Unternehmen
growth das Wachstum
   a growth industry eine Wachstumsindustrie
guarantee die Garantie
   is there a guarantee? gibt es darauf Garantie?
   it's guaranteed for 2 years darauf sind zwei Jahre
   Garantie
   I can guarantee that das kann ich Ihnen
   garantieren
guaranteed loan die Garantieanleihe
guess annehmen
   at a guess I'd say ... schätzungsweise würde ich
   sagen
   it's just a guess das ist nur geraten
guesstimate eine grobe Schätzung
guest der Gast
guide der Führer
guidelines die Richtlinien

guilty schuldig
gültig valid
Gültigkeitsdauer period of validity
Güter goods
Gutschein voucher

H

Haben credit
haftbar liable
hair das Haar
  is there a hairdresser/barber here? gibt es hier
  einen Friseur?
» TRAVEL TIP: *hairdressers/barbers close on Mondays*
half halb
  in the first half of 1985 im ersten Halbjahr 1985
  at half price zum halben Preis
  half the size die halbe Größe
  half as much again noch einmal halb so viel
  one and a half anderthalb
half year das Halbjahr
half-yearly halbjährlich
hand die Hand
  it has been put in hand das wird gerade
  bearbeitet
  you've got everything at hand es steht Ihnen alles
  zur Verfügung
  the job's in safe hands die Sache ist in guten
  Händen
handbag die Handtasche
Handel trade
Handelskammer Chamber of Commerce
handkerchief ein Taschentuch
handle der Griff
  we can handle that das können wir machen

ä [eh], au as in how, äu, eu [oy], ei as in I, ie [ee], ö as in
her, ü, y as in huge, -b [-p], -d [-t], j [y], qu [kv], s- [z-],
ß [ss], v [f], w [v], z [ts]

who handled the order? wer hat den Auftrag
bearbeitet?
handle with care Vorsicht – zerbrechlich!
handling charge die Bearbeitungsgebühr
damaged in handling beim Transport beschädigt
Händler dealer
hand luggage das Handgepäck
handmade handgearbeitet
handy (*gadget*) praktisch
hangover der Kater
happen geschehen
   I don't know how it happened ich weiß nicht, wie
   es geschehen ist
   what's happening/happened? was ist los?
happy glücklich
   we would be happy to ... wir würden uns
   freuen, ...
   we're not happy with ... wir sind mit ... nicht
   zufrieden
hard hart
hardly kaum
hard sell aufdringliches Verkaufen, das Hard selling
hardware (*computer*) die Hardware
harm der Schaden
harmonious harmonisch
hate: I hate ... ich hasse ...
   I hate to have to tell you, but ... es ist mir
   unangenehm, Ihnen das sagen zu müssen, aber ...
Haupt- main
have haben
   I have ich habe
   he/she/it has er/sie/es hat
   you/we/they have Sie/wir/sie haben
   I/he/she/it had ich/er/sie/es hatte
   you/we/they had Sie/wir/sie hatten
   do you have ...? haben Sie ...?
   can I have some water/some more? kann ich
   etwas Wasser/noch etwas mehr haben?
   I have to leave tomorrow ich muß morgen
   abreisen

when can you let us have it by? bis wann können wir es spätestens haben?

I'll have it sent ich werde es schicken lassen

to have something done etwas machen lassen

Hbf=Hauptbahnhof central railroad station

he er

    he is er ist

head der Kopf

    the head of this department der Leiter dieser Abteilung

    the person heading up the team/the operation der Leiter des Teams/des Unternehmens

headache Kopfschmerzen

head office die Zentrale

headquarters die Zentrale

health die Gesundheit

    to your health! zum Wohl!

hear hören

    we have heard that ... wir haben gehört, daß

heart attack ein Herzinfarkt

heat die Hitze

heated (*discussion*) hitzig

heating die Heizung

heavily (*in debt, overdrawn*) hoch

    (*committed*) schwer

heavy (*debts, expenses*) hoch

    (*commitments, workload*) schwer

hedge: as a hedge against inflation als Absicherung gegen die Inflation

heiß hot

hello hallo

help helfen

    can you help us? können Sie uns helfen?

    if you need any help falls Sie Hilfe brauchen

    help! Hilfe!

ä [eh], au as in h*ow*, äu, eu [oy], ei as in *I*, ie [ee], ö as in h*er*, ü, y as in h*uge*, -b [-p], -d [-t], j [y], qu [kv], s- [z-], ß [ss], v [f], w [v], z [ts]

helpful (*person*) hilfsbereit
    (*talks*) nützlich
her sie
    will you give it to her? würden Sie es ihr bitte
    geben?
    it's her das ist sie
    it's her bag, it's hers es ist ihre Tasche, es ist ihre
here hier
    come here kommen Sie her!
Herren gents (*men's room*)
Hersteller manufacturer
Herstellungskosten manufacturing costs
hesitate zögern
    please don't hesitate to get in touch bitte wenden
    Sie sich jederzeit an uns
hide verstecken
    no hidden extras keine versteckten Kosten
high hoch
    higher höher
    the highest offer das höchste Angebot
high-level (*talks*) auf hoher Ebene
high-powered (*executive, salesman*) sehr kompetent,
    Top-
highway die Autobahn
him ihn
    will you give it to him? würden Sie es ihm geben?
    it's him das ist er
hindsight: with hindsight im nachhinein
hire (*employee*) einstellen
his sein
    it's his idea das ist seine Idee
history: the history of the deal die Vorgeschichte des
    Geschäfts
hit: we've been badly hit by ...... hat uns schwer
    getroffen
    it suddenly hit me es ist mir plötzlich
    aufgegangen
hitch: there's been a slight hitch es ist ein kleines
    Problem aufgetaucht

Hochgarage multi-level parking garage
Höchstgeschwindigkeit maximum speed
hold halten
hold up: production has been held up wir sind mit
    der Produktion in Verzug geraten
    sorry, I was held up ich wurde leider aufgehalten
hole das Loch
holiday der Feiertag
    Monday is a holiday Montag ist ein Feiertag
    see **public holiday, vacation**
Holland Holland
home: at home zu Hause
    my home address meine Heimatanschrift
    when we get home wenn wir zurückkommen
honest(ly) ehrlich
honor (*bill*) einlösen
    (*check*) begleichen
    (*commitments*) einhalten
hope hoffen
    I hope that ... ich hoffe, daß ...
    I hope so/I hope not hoffentlich/hoffentlich nicht!
hospital das Krankenhaus
hospitality: thank you for your hospitality vielen
    Dank für Ihre Gastfreundschaft
host der Gastgeber
hostess die Gastgeberin
hot heiß
    they're selling like hot cakes sie gehen weg wie
    warme Semmeln
hotel das Hotel
    at my hotel in meinem Hotel
hour die Stunde
hourly (*rate*) Stunden-
house das Haus
how wie

ä [eh], au as in h*o*w, äu, eu [oy], ei as in I, ie [ee], ö as in
her, ü, y as in h*u*ge, -b [-p], -d [-t], j [y], qu [kv], s- [z-],
ß [ss], v [f], w [v], z [ts]

how many wie viele
how much wieviel
how often wie oft
how long wie lang
how long have you been with this company? wie lange sind Sie schon bei dieser Firma?
how are you? wie geht es Ihnen?
however jedoch
  however much we try wie sehr wir uns auch bemühen
Hungarian ungarisch
Hungary Ungarn
hungry hungrig
  I'm hungry/not hungry ich habe Hunger/ich habe keinen Hunger
hurry: I'm in a hurry ich habe es eilig
  please hurry! bitte beeilen Sie sich!
  there's no hurry es eilt nicht
  if you can hurry things up wenn Sie die Sache beschleunigen können
hurt: it hurts es tut weh
husband: my husband mein Mann
Hypothek mortgage

I

I ich
  I am ich bin
i.A.=im Auftrag on behalf of
ice das Eis
  with lots of ice mit viel Eis
ice cream ein Eis
idea die Idee
  good idea eine gute Idee
  new ideas neue Ideen
  this will give you some idea of . . . so bekommen Sie eine Vorstellung von . . .
ideal ideal
identical identisch

idiot der Idiot
if wenn, falls
   if not wenn nicht
ill krank
   I feel ill ich fühle mich nicht wohl
illegal illegal
illegible unleserlich
image das Image
   our company image das Image unserer Firma
Imbiß(stube) snack bar
immediate unmittelbar
   in the immediate future in unmittelbarer Zukunft
immediately sofort
Immobilien real estate; property
imperfect fehlerhaft
import der Import
important wichtig
   it's very important es ist sehr wichtig
import duty der Einfuhrzoll
importer der Importeur
import-export business das Import-Export Geschäft
import license die Importlizenz
import permit die Einfuhrerlaubnis
import restrictions die Einfuhrbeschränkungen
impossible unmöglich
impressive beeindruckend
improve verbessern
   an improved offer ein verbessertes Angebot
improvement die Verbesserung
   we've made some improvements wir haben einige
   Verbesserungen vorgenommen
in in
   in German auf deutsch
inch der Zoll
» *1 inch=2.54 cm*
incidental expenses die Nebenkosten

ä [eh], au as in how, äu, eu [oy], ei as in I, ie [ee], ö as in
her, ü, y as in huge, -b [-p], -d [-t], j [y], qu [kv], s- [ż-],
ß [ss], v [f], w [v], z [ts]

include einschließen
    does that include breakfast? ist Frühstück
    inbegriffen?
    that's all included alles inbegriffen
inclusive inklusive
income das Einkommen
incompetent unfähig
inconvenient unpassend
incorrect falsch
increase die Zunahme
    the increase in sales die Absatzsteigerung
    in order to increase sales um den Umsatz zu
    steigern
    sales are increasing der Absatz steigt an
    at an increasing rate immer schneller
incredible unglaublich
incur (*costs, expenses*) machen
independent unabhängig
in-depth Tiefen-
India Indien
indication das Anzeichen
    as an indication of . . . als Anzeichen für . . .
indigestion die Magenverstimmung
indoors drinnen
industrial industriell, Gewerbe-
industrial relations Arbeitsbeziehungen
industrial zone das Industriegebiet
industry die Industrie
inexpensive preisgünstig
inferior (*quality*) minderwertig
inflation die Inflation
influence der Einfluß
inform informieren
    I am pleased to be able to inform you that . . . ich
    freue mich, Ihnen mitteilen zu können, daß . . .
    please inform us when . . . bitte teilen Sie uns
    mit, wann . . .
    keep me informed halten Sie mich auf dem
    laufenden
    we'll keep you informed wir halten Sie auf dem

laufenden
you are very well informed Sie sind sehr gut
informiert
informal (*meeting*) ungezwungen
(*agreement*) informell
(*dress*) zwanglos
information die Informationen
do you have any information in English about . . . ?
haben Sie Informationsmaterial auf englisch
über . . . ?
for your information zu Ihrer Kenntnisnahme
Inh., Inhaber owner; (*of passport, etc.*) holder
initial erste(r,s)
to initial an agreement ein Abkommen
paraphieren
injured verletzt
innocent unschuldig
input der Input
inquire: I'll inquire ich erkundige mich
inquiry die Anfrage
could you make inquiries? könnten Sie sich bitte
erkundigen?
inside innen
inside information Insider-Informationen
insist: I insist (on it) ich bestehe darauf
inspect kontrollieren
inspection die Inspektion
regular inspections regelmäßige Kontrollen
closer inspection showed that . . . bei genauerer
Prüfung hat sich gezeigt, daß . . .
inspection test Abnahmeprüfung
inspector der Inspektor
installations die Anlagen
installment purchase der Ratenkauf
instead statt dessen
instead of . . . an Stelle von . . .

ä [eh], au as in *how*, äu, eu [oy], ei as in I, ie [ee], ö as in
her, ü, y as in huge, -b [-p], -d [-t], j [y], qu [kv], s- [z-],
ß [ss], v [f], w [v], z [ts]

instruction die Anleitung
   as per your instructions laut Ihren Anweisungen
   instructions (*operating*) die Gebrauchsanweisung
insurance die Versicherung
insurance company die Versicherungsgesellschaft
insurance coverage die Versicherungsdeckung
insurance policy die Versicherungspolice
insure versichern
insured versichert
   adequately insured against ... ausreichend gegen
   ... versichert
insurmountable unüberwindlich
intelligent intelligent
intend: we intend to ... wir beabsichtigen, ... zu ...
   what do you intend to do? was haben Sie vor?
intention die Absicht
   it was our intention to ... es war unsere Absicht,
   ... zu ...
interest das Interesse
   in the interest of speed der Schnelligkeit halber
   15% interest fünfzehn Prozent Zinsen
   interest rates Zinssätze
   we are very interested in ... wir interessieren uns
   sehr für ...
   are you interested in the idea? haben Sie Interesse
   an dieser Idee?
interesting interessant
   we find it very interesting wir halten es für sehr
   interessant
internal (*problems*) (betriebs)intern
international international
interpret: would you interpret for us? könnten Sie
   für uns dolmetschen?
interpreter der Dolmetscher/die Dolmetscherin
interruption die Unterbrechung
interview das Interview
   (*for job*) das Vorstellungsgespräch
into in
introduce: may I introduce ... ? darf ich ...
   vorstellen?

invalid (*license, etc.*) ungültig
invention die Erfindung
Inventur inventory
invest investieren
investment die Investition
investigate: we'll investigate the matter wir werden
  die Angelegenheit untersuchen
investigations: our investigations have shown that
  . . . unsere Nachforschungen haben ergeben,
  daß . . .
invisible unsichtbar
invitation die Einladung
  thank you for the invitation vielen Dank für Ihre
  Einladung
  invitation to tender eine Ausschreibung
invite: can I invite you out tonight? darf ich Sie für
  heute abend einladen?
invoice die Rechnung
  as per invoice laut Rechnung
  against invoice gegen Rechnung
  within 30 days of invoice innerhalb dreißig Tage
  nach Rechnungsdatum
  we'll invoice you direct wir schicken Ihnen die
  Rechnung direkt zu
  the amount invoiced der Rechnungsbetrag
  invoicing instructions Rechnungsanweisungen
involve: what does it involve? was ist damit
  verbunden?
  it would involve extra costs das würde
  zusätzliche Kosten bedeuten
  we don't want to get involved in that wir möchten
  damit nichts zu tun haben
i.R.=im Ruhestand retired
Ireland Irland
Irish irisch
  (*person*) Ire/Irin

ä [eh], au as in how, äu, eu [oy], ei as in I, ie [ee], ö as in
her, ü, y as in huge, -b [-p], -d [-t], j [y], qu [kv], s- [z-],
ß [ss], v [f], w [v], z [ts]

iron: will you iron these for me? können Sie das
    bitte für mich bügeln?
iron out (*difficulties*) ausbügeln, ausgleichen
isolated: an isolated case ein Sonderfall
issue (*of shares*) die Ausgabe
it es
    it is es ist
Italian italienisch
Italy Italien
item der Posten
    all the items listed alle aufgeführten Posten
itemize: would you itemize it for me? könnten Sie es
    für mich postenmäßig aufschlüsseln?
    an itemized invoice eine postenmäßig aufgestellte
    Rechnung

J

jacket die Jacke
    (*of man's suit*) das Jackett
Jahresabschluß *fiscal closing, year-end*
January Januar
Japan Japan
Japanese japanisch
    the Japanese die Japaner
jealous neidisch
jeopardize gefährden
jet der Jet
    private jet der Privatjet
jingle (*advertising*) der Werbespruch
jinx: the project is jinxed das Projekt ist verhext
job (*work*) die Arbeit
    (*order*) der Auftrag
    (*position*) die Stelle
    (*duty*) die Aufgabe
    the job is yours Sie haben die Stelle/den Auftrag
    it's a big job es ist eine große Sache
    do you want the job? möchten Sie die Stelle/den
    Auftrag?

you've done a very good job Sie haben sehr gute Arbeit geleistet
what's your job? was sind Sie von Beruf?
to offer somebody a job jemandem eine Stelle anbieten
that's your job das ist Ihre Aufgabe
it's your job to get that done das müssen Sie erledigen
job description eine Stellenbeschreibung
job lot: we'll take them as a job lot wir nehmen sie als (Waren)posten
job satisfaction die berufliche Befriedigung
joint gemeinsam
joint venture das Joint-venture
joke der Witz
you must be joking! das kann ja wohl nicht Ihr Ernst sein!
journey die Reise
have a good journey! gute Reise!
judge: judging by ... nach ... zu urteilen
July Juli
jump: a sudden jump in sales eine plötzliche Absatzsteigerung
we mustn't jump to conclusions wir dürfen keine vorschnellen Schlüsse ziehen
June Juni
junk der Ramsch
just: just two nur zwei
just a little nur ein bißchen
just there genau dort
that's just right das ist genau richtig
not just now jetzt nicht
just now gerade jetzt
he was here just now er war gerade hier
justifiable berechtigt
justifiably berechtigterweise

ä [eh], au as in how, äu, eu [oy], ei as in I, ie [ee], ö as in her, ü, y as in huge, -b [-p], -d [-t], j [y], qu [kv], s- [z-], ß [ss], v [f], w [v], z [ts]

justify: how can you justify that? wie können Sie das
rechtfertigen?

K

kalt cold
Kapital capital
Kasse cashier's desk
Kauf purchase
Käufer buyer
Kaufmann businessman
keel: the business is on an even keel bei der Firma
ist alles im Lot
keen begeistert
   I'm not keen ich bin nicht wild darauf
keep: can I keep it? darf ich es behalten?
   you keep it behalten Sie es
   keep the change stimmt so
   you didn't keep your promise Sie haben sich
   nicht an Ihr Versprechen gehalten
   it keeps on breaking down es geht immer wieder
   kaputt
   we'll keep on trying wir werden es weiterhin
   versuchen
kein Zutritt (für Unbefugte) no entry (without
authorization)
key der Schlüssel
   the key facts die Schlüsselfakten
   a key person eine Schlüsselperson
   he plays a key role er spielt eine Schlüsselrolle
KG [kah-gay]=*Kommanditgesellschaft* partnership;
at least one partner fully liable and other(s) liable
to extent of capital investment
KGaA [kah-gay-ah-ah]=*Kommanditgesellschaft auf
Aktien* limited company in which at least one
person has full liability and full powers; others
liable to extent of their investment; as with AG
there must be at least five founding directors
killing: to make a killing einen Riesengewinn

machen
kilo ein Kilo = 2.2 pounds
» *conversion:* $\dfrac{kilos \times 11}{5} = pounds$

kilos	1	1½	5	6	7	8	9
pounds	2.2	3.3	11	13.2	15.4	17.6	19.8

kilometer ein Kilometer = ⅝ mile

kilometers	1	5	10	20	50	100
miles	0.62	3.11	6.2	12.4	31	62

kind: that's very kind of you das ist sehr nett von
Ihnen
   would you be so kind as to . . . würden Sie so
   freundlich sein und . . .
   if you would kindly send us . . . wenn Sie so nett
   wären und uns . . . schicken würden
Kinder children
knife das Messer
know wissen
   (*be acquainted with*) kennen
   I don't know ich weiß nicht
   I know him ich kenne ihn
   please let us know bitte geben Sie uns Bescheid
   please let us know what you decide bitte teilen
   Sie uns Ihre Entscheidung mit
   I'll let you know ich gebe Ihnen Bescheid
know-how das Know-how
Konkurrenz competition
Konkurs bankruptcy
Konnossement bill of lading
Kontoauszug account statement
Kontonummer account number
Kosten costs
Kostenvoranschlag estimate; quote
Krankenhaus hospital
Kredit credit; loan
Kreditbedingungen credit terms, conditions

ä [eh], au as in h*o*w, äu, eu [oy], ei as in I, ie [ee], ö as in
her, ü, y as in h*u*ge, -b [-p], -d [-t], j [y], qu [kv], s- [z-],
ß [ss], v [f], w [v], z [ts]

Kto.*=*Konto a/c
Kunde client
Kurs exchange rate

L

label das Etikett
labor die Arbeit
labor costs die Arbeitskosten
labor-intensive arbeitsintensiv
labor-saving arbeitssparend
lack: there's a lack of . . . es mangelt an . . .
Ladeschein bill of lading
ladies' room die Damentoilette
Ladung loading; consignment
lady die Dame
Lager warehouse
lager ein helles Bier see **beer**
Lagerbestand stock
land (plane) landen
langsam fahren drive slowly
language die Sprache
large groß
    by and large im großen und ganzen
last letzte(r,s)
    last year/week letztes Jahr/letzte Woche
    last night gestern abend
    at last! endlich!
    how long will this arrangement last? wie lange
    wird diese Vereinbarung dauern?
late: sorry I'm late entschuldigen Sie, daß ich zu spät
    komme
    it's a bit late es ist ein bißchen spät
    please hurry, I'm late bitte beeilen Sie sich, ich
    bin spät dran
later später
    I'll come back later ich komme später zurück
    see you later! bis später
    at the latest spätestens

the latest development die neueste Entwicklung
latter: the latter der/die/das letztere
laugh lachen
laughable lachhaft
launch: we are launching our new model wir
   bringen unser neues Modell auf den Markt
Laundromat der Waschsalon
» *TRAVEL TIP: not very many of these in Germany;*
   try a "Sofortreinigung" (quick dry cleaner's), also
   check with your hotel concerning laundry service
lavatory die Toilette
law das Gesetz
lawyer der Rechtsanwalt
laxative ein Abführmittel
layout (*of premises*) die Anlage
   (*of report*) das Layout
lazy faul
lease mieten
   (*land, business premises*) pachten
   (*equipment*) leasen
   (*noun*) die Pacht
leasing agent die Leasinggesellschaft
least: not in the least nicht im geringsten
   at least mindestens
leather das Leder
leave: we're leaving tomorrow wir fahren morgen ab
   when does the plane leave? wann fliegt die
   Maschine ab?
   I left two shirts in my room ich habe zwei
   Hemden in meinem Zimmer liegenlassen
   can I leave this here? kann ich das hierlassen?
   I'll leave that up to you das überlasse ich Ihnen
   let's leave that till later warten wir damit bis
   später
Lebensgefahr danger
left: on the left links

ä [eh], au as in h*ow*, äu, eu [oy], ei as in I, ie [ee], ö as in
her, ü, y as in huge, -b [-p], -d [-t], j [y], qu [kv], s- [z-],
ß [ss], v [f], w [v], z [ts]

leg das Bein
legal legal
    legal aid die Rechtshilfe
    we intend to take legal action wir wollen
    gerichtlich vorgehen
    legal costs die Rechtskosten
    our legal advisor unser Rechtsberater
leisure: at your leisure wenn Sie Zeit haben
less weniger
    less the costs of . . . abzüglich der Kosten für . . .
let: let us help können wir helfen?
    will you let me off here? würden Sie mich bitte
    hier aussteigen lassen?
    let's go gehen wir
    when can you let us have them? wann können
    wir sie haben?
    we can't let that happen das dürfen wir nicht
    zulassen
letter der Brief; (*business letter*) das Schreiben
    are there any letters for me? habe ich Post?
    see pages 84–85
letter of credit der Kreditbrief, das Akkreditiv
level: that will be decided at a higher level das wird
    von oben entschieden
    the level of profits die Gewinnlage
    the level of returns der Stand der Einkünfte
liabilities die Verbindlichkeiten
liability: we accept no liability for that wir
    übernehmen dafür keine Haftung
liable (*responsible*) haftbar
liaise: please liaise with Mr. McGregor bitte
    betrachten Sie Herrn McGregor als Ihren
    Verbindungsmann
liaison die Verbindung
license die Lizenz
    under license unter Lizenz
licensing agreement das Lizenzabkommen
lid der Deckel
lie (*falsehood*) die Lüge
    he's lying er lügt

Lieferanweisungen delivery instructions
Liefertermin delivery date
Lieferung delivery
life das Leben
life insurance die Lebensversicherung
lift: do you want a lift? kann ich Sie mitnehmen?
could you give me a lift? könnten Sie mich bitte mitnehmen?
light das Licht
(*not heavy*) leicht
the lights aren't working das Licht geht nicht
(*car*) die Scheinwerfer funktionieren nicht
have you got a light? haben Sie Feuer?
like: would you like ...? möchten Sie ...?
I'd like a .../I'd like to ... ich hätte gern .../ich möchte gern ...
I like it das gefällt mir
I don't like it das gefällt mir nicht
like this one wie diese/dieser/dieses
what's it like? wie ist es?
do it like this machen Sie es so
limit: up to a certain limit bis zu einer gewissen Grenze
a limited number of ... eine begrenzte Anzahl von ...
limited liability company eine Gesellschaft mit beschränkter Haftung, eine GmbH [gay-em-bay-hah]
line (*of business*) eine Branche
(*of products*) das Warensortiment
(*waiting*) die Schlange
a new line in ... eine neue Sorte von ...
link die Verbindung
liqueur der Likör
list die Liste
listen zuhören
listen! hören Sie zu!

ä [eh], au as in h*ow*, äu, eu [oy], ei as in I, ie [ee], ö as in her, ü, y as in h*uge*, -b [-p], -d [-t], j [y], qu [kv], s- [z-], ß [ss], v [f], w [v], z [ts]

Steiner Kisten GmbH
z.Hd. Herrn Brüggemann
Bahnhofstraße 67
6500 Mainz 12

Ihr Zeichen	Ihre Nachricht vom	Unser Zeichen	Datum
B/mh	15.7.1985	MP/ks	1.8.1985

Betr.: 250 Holzkisten, Best. Nr. 06/4021

Sehr geehrter Herr Brüggemann,

wir nehmen Bezug auf Ihr Schreiben vom 15.7.1985
und teilen Ihnen mit, daß wir die am 30.6.1985 von
Ihnen bestellten Holzkisten leider nicht mehr
rechtzeitig liefern können. Da während der
Betriebsferien vom 19.8 bis 14.9 die Arbeit ganz
eingestellt wird, wäre der frühestmögliche
Liefertermin der 29.9.1985. Sollten Sie mit diesem
Termin einverstanden sein, so möchten wir Sie
bitten, uns umgehend Bescheid zu geben.

Als Anlage senden wir Ihnen den gewünschten
Prospekt, dem Sie alle Kistengrößen entnehmen
können, die wir herstellen.

Mit freundlichen Grüßen

Michael Peters
Verkaufsleiter

Anlage

Steiner Kisten GmbH
attn. Mr. Brüggemann
Bahnhofstraße 67
6500 Mainz 12

your ref. B/mh	your letter of 7.15.85	our ref. MP/ks	date 8.1.85

Re: 250 wooden boxes, order No. 06/4021

Dear Mr. Brüggemann,

We refer to your letter of 7.15.85 and regret to have
to inform you that we are no longer able to deliver
the wooden cases that you ordered from us on
6.30.85 by the agreed date. Since production here
will close down completely from August 19 to
September 14 due to the factory annual vacation, the
earliest possible delivery date would be 9.29.85.
Please let us know immediately if this date is
acceptable to you.

We are enclosing the brochure you asked for. In this
you will find all the box sizes that we produce.

Yours sincerely,

Michael Peters
Sales Manager

Encl:

list price der Listenpreis
liter der Liter
» *1 liter=1.057 qt.=0.26 gal.*
literature (*brochures*) das Informationsmaterial
little klein
    a little ice/a little more ein wenig Eis/noch etwas
    just a little nur ein bißchen
live leben
    I live in ... ich wohne in ...
    where do you live? wo wohnen Sie?
Lkw [el-kah-vay]=***Lastkraftwagen*** truck
load: each load jede Ladung
    they will be loaded next Tuesday sie werden
    nächsten Dienstag verladen
loan das Darlehen, der Kredit
local: could we try a local wine? könnten wir
    vielleicht einen Wein aus der Gegend probieren?
    a local restaurant ein Restaurant im Ort
    a local call ein Ortsgespräch
    a local firm eine Firma am Ort
    we use local labor wir haben Arbeitskräfte aus
    der Gegend
    is it made locally? wird es hier hergestellt?
lock: the lock's broken das Schloß ist kaputt
    I've locked myself out ich habe mich
    ausgeschlossen
lonely einsam
long lang
    I'd like to stay longer ich würde gern etwas länger
    bleiben
    that was long ago das ist lange her
    how long? wie lange?
    there's a long way to go yet da liegt noch viel
    Arbeit vor uns
long-term langfristig
    in the long term auf lange Sicht
look: can I take a look? darf ich mal sehen?
    how do things look? wie sieht's aus?
    I'm looking for ... ich suche ...
    I'm just looking ich möchte mich nur umsehen

let's look at the report wir wollen uns den Bericht
ansehen
look at that sehen Sie sich das an
look out! Vorsicht!
the figures look good die Zahlen sehen
vielversprechend aus
I look forward to hearing from you ich freue
mich darauf, von Ihnen zu hören
I look foward to our next meeting ich sehe
unserem nächsten Zusammentreffen mit Interesse
entgegen
loose (*goods*) lose
lose verlieren
I've lost my . . . ich habe mein . . . verloren
excuse me, I'm lost entschuldigen Sie bitte, ich
habe mich verlaufen
(*driving*) ich habe mich verfahren
we're losing money wir verlieren dabei Geld
it's a losing concern das ist eine Firma, die mit
Verlust arbeitet
nobody loses out keiner kommt zu kurz
loss der Verlust
we had a loss wir haben mit Verlust gearbeitet
at a loss mit Verlust
loss leader ein Lockvogelangebot
lost and found (*office*) das Fundbüro
lot: a lot/not a lot viel/nicht viel
a lot of people/wine viele Leute/viel Wein
lots (of) jede Menge
a lot more expensive sehr viel teurer
loud laut
lovely schön
low niedrig
sales are at an all-time low der Absatz ist so
niedrig wie noch nie
low-key (*approach, presentation*) zurückhaltend,

ä [eh], au as in h*ow*, äu, eu [oy], ei as in I, ie [ee], ö as in
her, ü, y as in h*uge*, -b [-p], -d [-t], j [y], qu [kv], s- [z-],
ß [ss], v [f], w [v], z [ts]

unaufdringlich
loyal loyal
loyalty die Loyalität
lt.=laut according to, as per
luck Glück
   bad luck Pech
   good luck viel Glück!
lucky Glücks-
   you're lucky Sie haben Glück
   that's lucky das ist Glück
luggage das Gepäck
lump sum der Pauschalbetrag
lunch das Mittagessen
Luxembourg Luxemburg
luxury der Luxus

M

machine die Maschine
mad verrückt
madam gnädige Frau
magazine die Zeitschrift
magnificent großartig
Mahnung reminder
mail die Post
   is there any mail for me? habe ich Post?
   it'll be in the mail tomorrow es wird morgen
   aufgegeben
   I'll have it mailed to you ich lasse es Ihnen
   zuschicken
mailbox der Briefkasten
»   *TRAVEL TIP: mailboxes in Germany, Austria and*
   Switzerland are yellow
mailing list die Adressenliste
mail order der Versand
main: the main problem das Hauptproblem
mainly hauptsächlich
main road die Hauptstraße
maintenance contract der Wartungsvertrag

major (*company, new product*) wichtig
    this is a major opportunity das ist die Gelegenheit
    the major points die Hauptpunkte
majority die Mehrheit
majority holding die Mehrheitsbeteiligung
make machen
    will we make it in time? schaffen wir das rechtzeitig?
    what is it made of? woraus ist es hergestellt?
    it's made of ... es ist aus ...
    it's not making money das bringt nichts ein
    I'll try to make him reconsider ich werde zusehen, daß er die Angelegenheit noch einmal überdenkt
man der Mann
management das Management, die Geschäftsführung
    it's a question of good management das ist eine Frage guten Managements
    management problems die Managementprobleme
    our management is not in favor of unser Management ist nicht für ...
manager der Manager
    (*shop, restaurant*) der Geschäftsführer/die Geschäftsführerin
    production manager/sales manager/publicity manager der Produktionsleiter/Verkaufsleiter/Publicitymanager
    can I see the manager? kann ich den Geschäftsführer sprechen?
managing director der leitende Direktor
Managerkrankheit executive stress
man-hour eine Mannstunde
Manko deficit
manpower die Arbeitskräfte
manual (*book*) das Handbuch
manufacture die Herstellung

ä [eh], au as in h*ow*, äu, eu [oy], ei as in I, ie [ee], ö as in her, ü, y as in h*uge*, -b [-p], -d [-t], j [y], qu [kv], s- [z-], ß [ss], v [f], w [v], z [ts]

manufacturer der Hersteller
manufacturing costs die Herstellungskosten
many viele
map die Landkarte
  a map of ... eine Karte von ...
March März
margin (*in costing*) die Spanne
marginal (*improvement, difference*) geringfügig
mark: there's a mark on it es ist beschädigt
  (*stained*) da ist ein Fleck drauf
markdown: at a markdown price zu einem
  Schleuderpreis
Marke brand
market der Markt
  on the market auf dem Markt
  we're not in the market for ... wir sind nicht an
  ... interessiert
  to bring something onto the market etwas auf den
  Markt bringen
  what the market needs was der Markt braucht
  we're looking for new markets wir suchen neue
  Absatzmärkte
  there's no market for them es gibt dafür keinen
  Markt
  the Money Market der Geldmarkt
  to market something etwas vermarkten
  it was badly marketed es wurde schlecht
  eingeführt
  it depends how you market it es hängt davon ab,
  wie Sie es anbieten
marketing das Marketing
  I'm in marketing ich bin im Marketing tätig
  our marketing policy unsere Marketing-Politik
  we're very strong in marketing Marketing ist
  unsere starke Seite
marketing director der Marketing-Direktor
marketing manager der Marketing-Manager
market leader der Marktführer
marketplace: in the marketplace auf dem Markt
market research die Marktforschung

market trends die Markttendenzen
mark-up der Aufschlag
    a 30% mark-up ein Aufschlag von dreißig Prozent
married verheiratet
marvelous wunderbar
mass mailing die Massenpostsendung
mass production die Massenproduktion
match: a box of matches eine Schachtel Streichhölzer
material das Material
matter: it doesn't matter das macht nichts
maturity (*of bill*) die Fälligkeit
maximize maximieren
maximum maximal
    (*noun*) das Maximum
    that's our maximum offer das ist unser höchstes
    Angebot
May Mai
may: may I . . . ? darf ich bitte . . . ?
    may I have . . . ? darf ich bitte . . . haben?
maybe vielleicht
me mich
    with/from me mit/von mir
    will you send it to me? schicken Sie es bitte an
    mich
    it was me das war ich
meal das Essen
mean: what does this mean? was heißt das?
    what do you mean? was wollen Sie damit sagen?
    I mean it! ich meine es ernst
meantime: in the meantime in der Zwischenzeit
meet treffen
    we'll come to meet you wir holen Sie ab
    I've never met him ich habe ihn noch nie
    kennengelernt
meeting die Besprechung
    (*conference*) die Konferenz

ä [eh], au as in how, äu, eu [oy], ei as in I, ie [ee], ö as in
her, ü, y as in huge, -b [-p], -d [-t], j [y], qu [kv], s- [z-],
ß [ss], v [f], w [v], z [ts]

at our last meeting bei unserer letzten
Besprechung
I think we need another meeting ich glaube, wir
müssen noch eine Besprechung ansetzen
Mehrwertsteuer value-added tax, VAT
» TRAVEL TIP: *When buying goods or merchandise
ask for "green form." This form has to show
retailer's address and amount of purchase. Present
form at Customs when leaving Germany to obtain
stamp for refund of sales tax. Goods purchased
have to leave country in order to get refund*
member das Mitglied
memo die Aktennotiz
men's room die Herrentoilette
mention: don't mention it gern geschehen
as I mentioned in my letter wie bereits in meinem
Schreiben erwähnt
menu die Speisekarte
can I have the menu, please? die Speisekarte,
bitte!; *see the menu reader pages 169–173*
merchandise die Ware
merchandising das Merchandising
merger die Fusion
mess ein Durcheinander
message: are there any messages for me? hat jemand
eine Nachricht für mich hinterlassen?
can I leave a message for . . . ? kann ich eine
Nachricht für . . . hinterlassen?
Messe fair
messenger der Kurier
metal das Metall
meter der Meter
» *1 meter=39.37 inches=1.09 yards*
method die Methode
microchip das Mikrochip
microcomputer der Mikrocomputer
mid: by mid June bis Mitte Juni
middle die Mitte
by the middle of next month bis Mitte nächsten
Monats

in the middle in der Mitte
the Middle East der Nahe Osten
middleman der Mittelsmann
middle management das mittlere Management
midnight Mitternacht
might: I might be wrong vielleicht hab' ich unrecht
  he might have gone er ist vielleicht schon
  gegangen
mile die Meile
» *conversion:* $\dfrac{miles}{5} \times 8 = kilometers$

miles	½	1	3	5	10	50	100
kilometers	0.8	1.6	4.8	8	16	80	160

milk die Milch
millimeter der Millimeter
mind: I've changed my mind ich habe es mir anders
  überlegt
  please bear this in mind vergessen Sie das bitte
  nicht
  my mind is made up ich habe mich schon
  entschieden
  I don't mind das macht mir nichts aus
  do you mind if I ...? macht es Ihnen etwas aus,
  wenn ich ...?
  I'm sure they won't mind ich bin sicher, daß sie
  nichts dagegen haben
  never mind macht nichts
mine mein
mineral water ein Mineralwasser
minimize auf ein Minimum reduzieren
minimum das Minimum
minor (*problem*) kleines
minus minus
minute die Minute
  he'll be here in a minute er kommt gleich

ä [eh], au as in h*o*w, äu, eu [oy], ei as in I, ie [ee], ö as in
her, ü, y as in h*u*ge, -b [-p], -d [-t], j [y], qu [kv], s- [z-],
ß [ss], v [f], w [v], z [ts]

just a minute einen Moment bitte
minutes (*of a meeting*) das Protokoll
misgivings: I have misgivings ich habe Bedenken
Miss das Fräulein
» TRAVEL TIP: *Official use is "Frau" for every female over 16 years of age. "Fräulein," however, is still used to call a waitress*
miss: there's a . . . missing da fehlt ein . . .
  if we miss the deadline wenn wir die Frist nicht einhalten (können)
  I don't want to miss my plane ich möchte meine Maschine nicht verpassen
mistake der Fehler
  I think you've made a mistake ich glaube, Sie haben sich geirrt
misunderstand: don't misunderstand me verstehen Sie mich nicht falsch
misunderstanding das Mißverständnis
mix die Mischung
  a good mix of products eine gute Mischung von Produkten
mix-up ein Durcheinander
mobile beweglich
model das Modell
modern modern
modernize modernisieren
modification eine Modifizierung
moment ein Moment
  at the moment momentan
Monday Montag
money das Geld
  I've lost my money ich habe mein Geld verloren
  no money kein Geld
» In Germany the unit of "eine Mark" is made up of 100 "Pfennige." Denominations are: (pfennigs) 1Pf, 2, 5, 10, 50; (marks) DM1, 2, 5; (notes) DM10, 20, 50, 100, 500, 1,000.

» In Austria the unit of "ein Schilling" is made up of 100 "Groschen." Denominations are: (groschen) 10Gr, 50; (schillings) ÖS1, 5, 10, 20; (notes) Ö20, 50, 100, 1,000.

» In Switzerland the unit of "ein Franken" is made up of 100 "Rappen." Denominations are: (rappen) 5Rp, 10, 20, 50; (francs) Fr1, 2, 5; (notes) Fr10, 20, 50, 100, 500, 1,000.

money order die Zahlungsanweisung

monitor (*results*) überwachen

monopoly das Monopol

month der Monat

monthly monatlich

more mehr

    can I have some more? kann ich noch etwas haben?

    more wine, please noch ein bißchen Wein, bitte

    no more nicht mehr

    more comfortable bequemer

    more than mehr als

morning der Morgen

    this morning heute morgen

    good morning guten Morgen

    in the morning am Morgen

most: I like it most das gefällt mir am besten

    most of the time meistens

    most of the people die meisten Leute

motivated motiviert

motor der Motor

move: could you move your car? könnten Sie bitte Ihren Wagen wegfahren?

    he's moved to another department/company er hat die Abteilung/Firma gewechselt

    he's the man to get things moving das ist der Mann, der die Sache in Gang bringt

---

ä [eh], au as in how, äu, eu [oy], ei as in I, ie [ee], ö as in her, ü, y as in huge, -b [-p], -d [-t], j [y], qu [kv], s- [z-], ß [ss], v [f], w [v], z [ts]

movie theater das Kino
Mr. Herr
Mrs. Frau
Ms. Frau
» TRAVEL TIP: *Official use for Mrs., Ms., and Miss is "Frau" whether married or not; see* **Miss**
much viel
   much better/much more viel besser/viel mehr
   not much nicht viel
multinational ein multinationaler Konzern
must: I must have ... ich muß ... haben
   I must not eat ... ich darf kein ... essen
   you must do it Sie müssen es tun
   you must not ... Sie dürfen nicht ...
   that's a must das ist ein Muß
Muster sample
mutual: in our mutual interests in unserem
   gegenseitigen Interesse
   to our mutual satisfaction zu unserer beider
   Zufriedenheit
   to our mutual advantage zu unserem
   beiderseitigen Vorteil
MwSt=Mehrwertsteuer value-added tax, VAT
   see *Mehrwertsteuer*

N

Nachbestellung repeat order
Nachfrage demand
Nachlaß discount
name der Name
   my name is ... mein Name ist ...
   what's your (his/her) name? wie ist Ihr (sein/ihr)
   Name?
napkin die Serviette
narrow eng
national national
nationality die Nationalität
nationalize verstaatlichen

natural natürlich
near: is it near? ist es in der Nähe?
   near here in der Nähe
   do you go near . . . ? kommen Sie in die Nähe
   von . . . ?
   where's the nearest . . . ? wo ist der/die/das
   nächste . . . ?
nearly fast
Nebenkosten incidental expenses
necessary nötig
   as necessary bei Bedarf
   it's not necessary das ist nicht nötig
necessitate erfordern
necessity die Notwendigkeit
need: I need a . . . ich brauche ein . . .
   we need more time wir brauchen mehr Zeit
   the need for . . . der Bedarf an . . .
negative negativ
   a negative response eine Absage, ein negativer
   Bescheid
negligent nachlässig
negotiable übertragbar
   not negotiable nicht übertragbar
negotiable bill der Wechsel
negotiate: to negotiate a settlement eine
   Vereinbarung aushandeln
   we are currently negotiating with . . . wir
   verhandeln zur Zeit mit . . .
negotiations die Verhandlungen
negotiator der Unterhändler
neither: neither of them keiner von beiden
   neither . . . nor . . . weder . . . noch . . .
   neither do I ich auch nicht
nervous nervös
net netto
   net price der Nettopreis

ä [eh], au as in how, äu, eu [oy], ei as in I, ie [ee], ö as in
her, ü, y as in huge, -b [-p], -d [-t], j [y], qu [kv], s- [z-],
ß [ss], v [f], w [v], z [ts]

$5,000.00 net $5.000,00 netto
net of tax nach Steuerabzug
the net profit margin die Reingewinnspanne
netto net
network (*of distributors, etc.*) das Netz
never niemals
new neu
    I'm new in this job ich bin neu in dieser Stelle
news (*press*) die Nachrichten
    **what news do you have about developments
    in ...?** welche Neuigkeiten gibt es über
    Entwicklungen in ...?
newspaper die Zeitung
    newspaper article der Zeitungsartikel
    do you have any English newspapers? haben Sie
    englische Zeitungen?
    in the newspaper in der Zeitung
New Zealand Neuseeland
next der/die/das nächste
    please stop at the next corner halten Sie bitte an
    der nächsten Ecke
    see you next month bis nächsten Monat
    on my next trip auf meiner nächsten Reise
    at the next opportunity bei der nächsten
    Gelegenheit
    next we have to ... als nächstes müssen wir ...
    next to me neben mir
nice schön
nicht berühren do not touch
nicht öffnen do not open
Nichtraucher no smoking
Niederlassung branch
night die Nacht
    good night gute Nacht
    at night nachts
    where's a good night club? wo gibt es einen guten
    Nachtklub?
nightlife das Nachtleben
nightporter der Nachtportier
no nein

no improvement keine Verbesserung
no change keine Änderung
no sales keine Verkäufe
no extra costs keine zusätzlichen Kosten
no way! auf keinen Fall!
No. Nr.
nobody niemand
   nobody is buying them keiner kauft sie
noisy laut
   my room's too noisy in meinem Zimmer ist es zu
   laut
non- nicht-
noncommittal zurückhaltend
   he was very noncommittal er wollte sich
   überhaupt nicht festlegen
nondelivery die Nichtlieferung
nondutiable nicht zollpflichtig
nonfulfillment die Nichterfüllung
nonproductive unproduktiv
none: none of them keiner von ihnen
nonsense der Quatsch
nonstop direkt
normal normal
   when things are back to normal wenn alles
   wieder seinen gewohnten Gang geht
normally normalerweise
north der Norden
Northern Ireland Nordirland
Norway Norwegen
Norwegian norwegisch
not nicht
   I'm not hungry ich habe keinen Hunger
   not that one das nicht
   not me ich nicht
   I don't understand ich verstehe das nicht
   he didn't tell me er hat mir das nicht gesagt

ä [eh], au as in how, äu, eu [oy], ei as in I, ie [ee], ö as in
her, ü, y as in huge, -b [-p], -d [-t], j [y], qu [kv], s- [z-],
ß [ss], v [f], w [v], z [ts]

notary der Notar
Notarzt emergency doctor
Notausgang emergency exit
note: I'll make a note of it ich schreibe mir das auf
    my notes of the meeting meine Konferenznotizen
    we note your ... wir nehmen Ihr ... zur Kenntnis
    please note that ... bitte nehmen Sie zur
    Kenntnis, daß ...
nothing nichts
notice (*on bulletin board*) der Anschlag
    (*advice notice*) die Benachrichtigung
    until further notice bis auf weiteres
    we have noticed that ... wir haben bemerkt, daß
    ...
    we should like to bring the following to your
    notice bitte nehmen Sie folgendes zur Kenntnis
    we need more notice than 3 weeks wir brauchen
    länger als drei Wochen vorher Bescheid
    how much advance notice do you need? wie lang
    im voraus müssen wir Ihnen Bescheid geben?
    not just like that without any notice das geht
    nicht so ohne Ankündigung
    I have handed in my notice ich habe gekündigt
    I didn't notice that das habe ich nicht bemerkt
notification: we would appreciate notification as to
    when ... würden Sie uns bitte Bescheid geben,
    wann ...
notify: we will notify you when ... wir
    benachrichtigen Sie, wenn ...
    please notify us bitte benachrichtigen Sie uns
notorious berüchtigt
November November
now jetzt
nowhere nirgends
Nr.=Nummer No.
nuisance: it's a nuisance das ist ärgerlich
null and void null und nichtig
number (*figure*) die Zahl
    a number of problems einige Probleme
    number 57 Nummer siebenundfünfzig

which number? welche Nummer?

O

object das Objekt
  do you object? haben Sie etwas dagegen?
  I object to that ich habe etwas dagegen
objection der Einwand
  I've no objections ich habe nichts dagegen
  would you have any objections if . . . ? hätten Sie
  etwas dagegen, wenn . . . ?
objective das Ziel
  (*adjective*) objektiv
obligation: without obligation unverbindlich
obligatory obligatorisch
obliged: we would be very much obliged if you . . .
  wir wären Ihnen sehr dankbar, wenn Sie . . .
obliging zuvorkommend
obsolescence das Veralten
obsolete veraltet
obstacle ein Hindernis
obtain (*get*) erhalten
obvious offensichtlich
obviously offensichtlich
  obviously not offensichtlich nicht
occasion: on the next occasion bei der nächsten
  Gelegenheit
  if the occasion should arise falls sich die
  Gelegenheit ergeben sollte
occasionally gelegentlich
occupation (*job*) der Beruf
  what's your occupation? was sind Sie von Beruf?
occupied beschäftigt
  is this seat occupied? ist dieser Platz noch frei?
occur vorkommen

ä [eh], au as in how, äu, eu [oy], ei as in I, ie [ee], ö as in
her, ü, y as in huge, -b [-p], -d [-t], j [y], qu [kv], s- [z-],
ß [ss], v [f], w [v], z [ts]

o'clock see **time**
October Oktober
odd (number) ungerade
   (strange) seltsam
of von
off: 10% off zehn Prozent Ermäßigung
   at \$3.00 off um \$3,00 ermäßigt
   3% off for cash bei Barzahlung 3% Skonto
   the meeting is off die Besprechung fällt aus
   the deal is off die Sache ist nicht mehr diskutabel
offer das Angebot
   we accept your offer wir nehmen Ihr Angebot an
   I'll make you an offer ich mache Ihnen ein
   Angebot
   a special offer ein Sonderangebot
   what sort of terms are you offering? wie sind Ihre
   Bedingungen?
   they only offered 10% sie haben nur zehn Prozent
   angeboten
office das Büro
official der Beamte
   the official version die offizielle Fassung
   in my official capacity in meiner offiziellen
   Funktion
off-load ausladen
Öffnungszeiten business hours
often oft
OHG [oh-hah-gay]=*offene Handelsgesellschaft*
   general partnership with at least two founding
   partners; each is fully liable to the full extent of his
   personal assets
oil das Öl
OK okay
old alt
old-fashioned altmodisch
omit auslassen
on auf
   I haven't got it on me ich habe es nicht bei mir
   on Friday am Freitag
   on television im Fernsehen

the deal is on again das Geschäft gilt wieder
OK, you're on okay, abgemacht
once einmal
    at once sofort
    once it is signed wenn es erst einmal
    unterschrieben ist
one ein
    (*number*) eins
    the red one der/die/das rote
only nur
    this is the only one das ist der/die/das einzige
open offen
    (*shop*) geöffnet
    when do you open? wann machen Sie auf?
    to open an account ein Konto eröffnen
    to open a new branch eine neue Zweigstelle
    eröffnen
    to open a letter of credit einen Kreditbrief
    eröffnen
open-ended offen
operate (*machine*) bedienen
    the area of business in which we operate der
    Geschäftsbereich, in dem wir tätig sind
operating capital das Betriebskapital
operating costs (*of a business*) die Betriebskosten
operation: our overseas operations unsere
    Transaktionen im Ausland
    when we put this new system into operation
    wenn wir dieses neue System in Kraft setzen
operator (*telephone*) die Vermittlung
    (*of machine*) die Bedienungsperson
opinion die Meinung
    in our opinion unserer Meinung nach
    what's your opinion? wie ist Ihre Meinung dazu?
opportunity die Gelegenheit
    I was glad to have the opportunity to ... ich habe

ä [eh], au as in how, äu, eu [oy], ei as in I, ie [ee], ö as in
her, ü, y as in huge, -b [-p], -d [-t], j [y], qu [kv], s- [z-],
ß [ss], v [f], w [v], z [ts]

mich gefreut, daß ich die Gelegenheit
hatte, ... zu ...

opposite: opposite the hotel gegenüber vom Hotel
option die Option
    if you'd like an option on the next model wenn
    Sie beim nächsten Modell gern die Option hätten
    we'll give you first option wir geben Ihnen das
    Vorkaufsrecht
    we have no option wir haben keine andere Wahl
optional: that's optional das ist Ihnen freigestellt
    optional extras Extrazubehör
or oder
orange (*color*) orange
order der Auftrag
    if we place an order with you for ... falls wir
    Ihnen einen Auftrag über ... erteilen
    the last order hasn't arrived die letzte Lieferung
    ist nicht angekommen
    if we can win this order wenn wir diesen Auftrag
    bekommen können
    we have a very full order book wir sind
    auftragsmäßig voll ausgelastet
    there's not much in the order book wir haben
    eine schlechte Auftragslage
    the parts are still on order die Teile sind noch
    nicht angekommen
    these parts are on back order diese Teile sind
    vergriffen
    in order to ... um ... zu ...
    the goods we ordered die Waren, die wir bestellt
    haben
    could we order now? (*in restaurant*) können wir
    jetzt bestellen?
    thank you, we've already ordered danke, wir
    haben bereits bestellt
order form das Bestellformular
order number die Bestellnummer
ordinary gewöhnlich
organization: good/poor organization gute/schlechte
  Organisation

organize organisieren
origin: country of origin das Herkunftsland
original Original-
    the original das Original
originally ursprünglich
other: the other one der/die/das andere
    do you have any others? haben Sie irgendwelche
    anderen?
otherwise sonst
ought: it ought to be here by now das sollte
    eigentlich inzwischen hier sein
ounce die Unze
» *1 ounce = 28.35 grams*
our unser
    that's ours das gehört uns
out aus
    9 out of 10 neun von zehn
    is he still out? ist er immer noch weg?
outlet (*sales -*) die Verkaufsstelle
outline: the broad outlines (*of the proposal*) die
    groben Umrisse (des Vorschlags)
output der Output
outside: outside advisors die Außenberater
outstanding (*invoice, payment*) ausstehend
    5000 is still outstanding 5.000 stehen noch aus
over: over here/there hier/dort drüben
    over 40 über vierzig
    it's all over es ist alles vorbei
    over a period of 6 months über einen Zeitraum
    von sechs Monaten
    over and above that darüber hinaus
overcome (*difficulties*) überwinden
overdraft die Kontoüberziehung
overdraft facility die Überziehungsmöglichkeit
overdrawn überzogen
overdue (*payment*) überfällig

ä [eh], au as in how, äu, eu [oy], ei as in I, ie [ee], ö as in
her, ü, y as in huge, -b [-p], -d [-t], j [y], qu [kv], s- [z-],
ß [ss], v [f], w [v], z [ts]

overhead die laufenden Kosten, die Gemeinkosten
overnight (*stay, travel*) über Nacht
overseas Auslands-
oversleep verschlafen
  I overslept ich habe verschlafen
overstock zu hoch bestücken
overtime die Überstunden
owe: what do we owe you? was sind wir Ihnen
  schuldig?
  money owing to us die Außenstände
  owing to wegen
own: my own car mein eigenes Auto
  I'm on my own ich bin allein hier
owner der Eigentümer

P

pack eine Packung
package das Paket
packaging die Verpackung
packing (*act*) das Packen
  (*material*) die Verpackung
packing case die Kiste
  (*cardboard*) der Karton
packing instructions die Verpackungsvorschriften
packing list die Packliste
page (*of book*) die Seite
  could you page him? können Sie ihn bitte
  ausrufen lassen?
pain der Schmerz
  I've got a pain in my ... mir tut mein ... weh
painkillers schmerzstillende Mittel
pair das Paar
Pakistan Pakistan
pale blaß
pallet die Palette
pantyhose die Strumpfhose
paper das Papier
  (*newspaper*) die Zeitung

papers (*documents*) die Unterlagen
parcel das Paket
pardon (*didn't understand*) wie bitte?
  I beg your pardon (*sorry*) entschuldigen Sie bitte
parent company die Muttergesellschaft
park: where can I park? wo kann ich parken?
Parken nur mit Parkscheibe parking sticker required
  (*attach to windshield, indicates when parking
  began; can be bought at stationery shops,
  department stores and garages*)
Parken verboten no parking
parking lot der Parkplatz
  (*parking garage*) das Parkhaus
part der Teil
  (*of machine*) das Teil
  part-owner der Miteigentümer
  part-payment die Teilzahlung
  partial load die Teilladung
  partial shipment die Teillieferung
particular besondere (r, s)
  in particular besonders
particulars die Einzelheiten
partner der Teilhaber
partnership eine offene Handelsgesellschaft, eine
  OHG [oh-hah-gay]
party (*group*) die Gruppe
  (*celebration*) die Party
  (*to contract*) die Partei
  both parties are agreed that ... beide Parteien
  sind sich darin einig, daß ...
Passiva liabilities
pass on: I'll pass it on to him (*information*) das teile
  ich ihm mit
  (*report, etc.*) das gebe ich ihm
passport der Reisepaß
past: in the past in der Vergangenheit

ä [eh], au as in how, äu, eu [oy], ei as in I, ie [ee], ö as in
her, ü, y as in huge, -b [-p], -d [-t], j [y], qu [kv], s- [z-],
ß [ss], v [f], w [v], z [ts]

patent das Patent
    we have applied for the patent wir haben das
    Patent angemeldet
patient: be patient! Geduld!
pattern (on material) das Muster
Pauschale lump sum
pay bezahlen
    how shall we pay you? wie sollen wir Sie
    bezahlen?
    to pay the money back das Geld zurückzahlen
    can I pay, please? ich möchte gerne zahlen
» TRAVEL TIP: *in bars, it's usual to pay when you're*
    leaving and not when you order
payable zahlbar
payee der Zahlungsempfänger
payer der Zahler
payment die Zahlung
    payment will be made in 3 installments die
    Zahlung erfolgt in drei Raten
    method of payment die Zahlungsart
    conditions of payment die Zahlungsbedingungen
    monthly payments of ... Monatsraten in Höhe
    von ...
    we are still awaiting payment of ... wir erwarten
    noch Ihre Zahlung in Höhe von ...
peak (of figures, production) die Spitze
pedestrian crossing der Fußgängerüberweg
» TRAVEL TIP: *be warned, the Germans take the red*
    light for pedestrians more seriously than we do;
    on-the-spot fines can happen
pen der Kugelschreiber
    do you have a pen? haben Sie etwas zum
    Schreiben?
penalty clause die Strafklausel
pencil der Bleistift
pension die Pension
people die Leute
    the German people die Deutschen
    if people like the product wenn das Produkt gut
    ankommt

people say ... man sagt, ...
per: per night/week/person pro
Nacht/Woche/Person
  as per instructions laut Anweisung
  as per contract laut Vertrag
percent das Prozent
  you get 5% Sie bekommen fünf Prozent
percentage der Prozentsatz
  a fixed percentage ein fester Prozentsatz
  your percentage is ... Ihr Anteil beträgt ...
Prozent
  on a percentage basis auf prozentualer Basis
perfect perfekt
performance (*of machine, employee, company*) die
Leistung
perhaps vielleicht
period der Zeitraum
permanent dauernd
permission die Erlaubnis
permit die Genehmigung
person die Person
  in person persönlich
personal(ly) persönlich
personnel das Personal
personnel department die Personalabteilung
personnel director der Personalchef
personnel management die Personalführung
persuade: we want to persuade you to ... wir
möchten Sie überreden, ... zu ...
phase das Stadium, die Phase
phase in allmählich einführen
phase out auslaufen lassen
phone *see* **telephone**
photograph die Fotografie
pick up (*improve*) besser werden
  pick up: will you come and pick me up? können

ä [eh], au as in h*ow*, äu, eu [oy], ei as in I, ie [ee], ö as in
her, ü, y as in h*uge*, -b [-p], -d [-t], j [y], qu [kv], s- [z-],
ß [ss], v [f], w [v], z [ts]

Sie mich abholen?
picture das Bild
piece das Stück
   a piece of ... ein Stück ...
pin down: to pin somebody down jemanden
   festnageln
pink rosa
pint ein Pint
»   *1 pint=0.47 liters*
pipe die Pfeife
   (*metal*) das Rohr
pipe tobacco der Pfeifentabak
pity: it's a pity das ist schade
Pkw [pay-kah-vay]=*Personenkraftwagen*
   (*private*) automobile
place der Platz
   (*town*) der Ort
   is this place taken? ist hier noch frei?
   the meeting will take place in Los Angeles die
   Konferenz findet in Los Angeles statt
   to place an order with somebody jemandem einen
   Auftrag erteilen
plain (*food*) (gut)bürgerlich
   (*not patterned*) einfarbig
plan der Plan
   according to plan planmäßig
   plans of the building Pläne vom Gebäude
   we are planning to ... wir haben vor, ... zu ...
   it's still in the planning stage es ist noch in der
   Planung
   plan of action das Aktionsprogramm
plane das Flugzeug
plant (*factory*) das Werk
   (*equipment*) die Anlagen
plastic das Plastik
plastic bag die Plastiktüte
plastic wrap das Cellophan
platform der Bahnsteig
   which platform please? welches Gleis, bitte?
pleasant angenehm

please: could you please . . . ? könnten Sie bitte . . . ?
   (yes) please ja, bitte
   pleased to meet you sehr angenehm
   pleased with . . . mit . . . zufrieden
pleasure das Vergnügen
   my pleasure gern geschehen
plenty: plenty of . . . viel . . .
plus plus
p.m. nachmittags
pocket die Tasche
point der Punkt
   there are three points es gibt drei Punkte
   that's a very important point das ist ein ganz
   wichtiger Punkt
   point 16 on the list Punkt Nummer sechzehn auf
   der Liste
   **we'd like to draw your attention to the following
   points** wir möchten Sie auf die folgenden Punkte
   aufmerksam machen
   from our/your point of view aus unserer/Ihrer
   Sicht
   four point six vier Komma sechs
   could you point to it? können Sie bitte darauf
   zeigen?
point of sale die Verkaufsstelle
   at point of sale an der Verkaufsstelle
   point of sale material das Werbematerial an der
   Verkaufsstelle
Poland Polen
police die Polizei
   get the police holen Sie die Polizei
» *TRAVEL TIP: dial 110*
policeman der Polizist
police station die Polizeiwache
policy (*of company*) die Politik
   (*insurance*) die Police

ä [eh], au as in how, äu, eu [oy], ei as in I, ie [ee], ö as in
her, ü, y as in huge, -b [-p], -d [-t], j [y], qu [kv], s- [z-],
ß [ss], v [f], w [v], z [ts]

Polish polnisch
polish (*for shoes*) die Schuhcreme
  could you polish my shoes? könnten Sie bitte
  meine Schuhe putzen?
polite höflich
politics die Politik
polluted verschmutzt
pool (*swimming*) das Schwimmbad
poor arm
  poor quality schlechte Qualität
popular beliebt
  a very popular line ein sehr beliebter Artikel
portable tragbar
porter der Portier
  (*rail, airport*) der Gepäckträger
Portugal Portugal
Portuguese portugiesisch
position die Position
  I'm not in a position to comment ich bin nicht in
  der Lage, mich dazu zu äußern
positive positiv
  a positive response eine Zusage, ein positiver
  Bescheid
possession der Besitz
  the goods will be in your possession ... die
  Waren werden ... bei Ihnen sein
possibility die Möglichkeit
possible möglich
  could you possibly ...? könnten Sie
  eventuell ...?
  as ... as possible so ... wie möglich
post (*job*) die Stelle, der Posten
postage das Porto
postcard eine Postkarte
poster das Plakat
post office das Postamt
postpone verschieben (**until** auf)
postwendend by return mail
potential potentiell
  it has a lot of potential es ist sehr ausbaufähig

pound das Pfund
» *conversion:* $\dfrac{pounds \times 5}{11} = kilos$

pounds	1	3	5	6	7	8	9
kilos	0.45	1.4	2.3	2.7	3.2	3.6	4.1

NB: *a German Pfund* = 500 *grams*
practical praktisch
precedent der Präzedenzfall
prefer: I prefer this one das gefällt mir besser
    I'd prefer to ... ich würde lieber ...
    I'd prefer a ... ich hätte lieber ein ...
Preis price
premises die Räumlichkeiten
premium der Bonus
    (*insurance*) die Prämie [pray-mee-uh]
premium offer das Extraangebot
present: at present zur Zeit
presentation (*of new product*) die Präsentation
    (*of bill of exchange*) die Vorlage
presentation pack die Display-Packung, das Display
president der Präsident
Press: the Press die Presse
press: could you press these? könnten Sie die bitte
    bügeln?
pressure: you must put more pressure on them Sie
    müssen mehr Druck auf sie ausüben
    he's under a lot of pressure er steht unter großem
    Druck
pre-tax vor Besteuerung
pretty hübsch
    it's pretty good es ist ganz gut
previous früher
    at our previous meeting bei unserer früheren
    Besprechung
    the previous agreement die frühere Vereinbarung

ä [eh], au as in h*ow*, äu, eu [oy], ei as in I, ie [ee], ö as in
her, ü, y as in h*uge*, -b [-p], -d [-t], j [y], qu [kv], s- [z-],
ß [ss], v [f], w [v], z [ts]

does he have any previous experience? hat er Berufserfahrung?

price der Preis

your prices are very reasonable/high Ihre Preise sind recht angemessen/hoch

we don't want to price ourselves out of the market wir wollen mit unseren Preisen doch konkurrenzfähig bleiben

price list die Preisliste

price range die Preisklasse

pricing policy die Preispolitik

pricing structure die Preisstruktur

principal (*of order, etc.*) der Auftraggeber
(*of investment*) das Kapital
(*of debt*) die Schuldsumme

print drucken

we enclose a color print of . . . beiliegend senden wir Ihnen ein Farbfoto von . . .

printed matter Drucksache

printout der Ausdruck

prior: I have a prior engagement ich habe schon einen Termin

priority die Priorität

it's not a priority das ist nicht vorrangig

in order of priority nach Dringlichkeit

will you treat this as a priority? behandeln Sie das bitte vorrangig?

private privat

a private discussion ein persönliches Gespräch

a private company eine Privatgesellschaft

privatize privatisieren

probably wahrscheinlich

probably not wahrscheinlich nicht

problem das Problem

no problem kein Problem

procedure das Verfahren

proceedings: we shall initiate proceedings against you/them wir werden gerichtlich gegen Sie/sie vorgehen

process (*legal*) der Prozeß

(*manuf.*) das Verfahren

it's being processed right now es wird jetzt gerade bearbeitet

process engineering die Verfahrenstechnik

produce produzieren

product das Produkt

production die Produktion

we start production ... wir beginnen ... mit der Produktion

production manager der Produktionsleiter

professional: a very professional piece of work eine sehr fachmännische Arbeit

not a very professional approach keine sehr professionelle Methode

profit der Gewinn

profitability die Rentabilität

profitable gewinnbringend

profit margin die Gewinnspanne

profit and loss account die Gewinn- und Verlustrechnung

profit sharing die Gewinnbeteiligung

pro forma invoice die Proformarechnung

program (*computers*) das Programm

program (*plan*) der Plan

progress: we are making good progress wir machen gute Fortschritte

what progress have you made? was für Fortschritte haben Sie gemacht?

progress report der Bericht

we need a monthly progress report wir brauchen einen Monatsbericht über den Stand der Entwicklung

project das Projekt

promise: do you promise? versprechen Sie das?

I promise ehrlich

promissory note der Schuldschein

ä [eh], au as in how, äu, eu [oy], ei as in I, ie [ee], ö as in her, ü, y as in huge, -b [-p], -d [-t], j [y], qu [kv], s- [z-], ß [ss], v [f], w [v], z [ts]

promote (*product*) auf den Markt bringen
  (*employee*) befördern
  it's been well/poorly promoted es wurde
  gut/schlecht eingeführt
promotion (*of product*) die Werbung
  for promotional purposes für Werbezwecke
pronounce: how do you pronounce it? wie spricht
  man das aus?
properly richtig
property das Eigentum
  (*land*) Grundstücke
proposal der Vorschlag
protect schützen
proud stolz
  we are proud of our record wir sind stolz auf
  unsere Leistungen
prove: I can prove it ich kann es beweisen
provided, providing vorausgesetzt
provisional(ly) provisorisch
proviso der Vorbehalt
public: the public die Öffentlichkeit
  to create more public awareness die
  Öffentlichkeit sensibilisieren
  to monitor the public's reaction die Reaktion der
  Öffentlichkeit überwachen
  public company eine Aktiengesellschaft, eine AG
  [ah-gay]
  to go public in eine Aktiengesellschaft
  umgewandelt werden
public accountant (*CPA*) der Wirtschaftsprüfer
public holiday gesetzlicher Feiertag
» *TRAVEL TIP: public holidays are:*
  New Year's Day *Neujahr*
  Good Friday *Karfreitag (not Austria)*
  Easter Monday *Ostermontag*
  May Day *Erster Mai*
  Ascension Day *Christi Himmelfahrt*
  Whit Monday (day after Pentecost) *Pfingstmontag*
  National Unity Day *Tag der deutschen Einheit*
  (October 3)

All Saints' Day *Allerheiligen (Nov. 1)*
Day of Prayer and Repentance *Buß- und Bettag
(mid Nov.)*
Christmas Day *(erster) Weihnachtsfeiertag*
December 26 *(zweiter) Weihnachtsfeiertag; in the
mainly Catholic parts there is also:*
Epiphany *Heilige Drei Könige*
Corpus Christi *Fronleichnam*
Assumption *Maria Himmelfahrt*
» *in Austria also:* Austrian National Holiday
Nationalfeiertag (Oct. 26); Immaculate Conception
Maria Empfängnis (Dec. 8);
» *in Switzerland also:* Swiss National Holiday
Bundesfeier (Aug. 1)
public restroom eine öffentliche Toilette
» TRAVEL TIP: *there are not very many public
restrooms in Germany; try the railway station; the
attitude towards using those in restaurants, etc. is
the same as in the U.S.*
publicity die Werbung
publicity brochure der Werbeprospekt
publicity budget der Werbeetat
publicity campaign die Werbekampagne
publicity manager der Publicitymanager
publicity material das Werbematerial
pull ziehen
punctual pünktlich
puncture eine Reifenpanne
purchase der Kauf
   (verb) kaufen
purchase order die Auftragsbestätigung
pure rein
purple violett

ä [eh], au as in how, äu, eu [oy], ei as in I, ie [ee], ö as in
her, ü, y as in huge, -b [-p], -d [-t], j [y], qu [kv], s- [z-],
ß [ss], v [f], w [v], z [ts]

purpose der Zweck
  on purpose mit Absicht
purse (*change*) das Portemonnaie
  (*woman's*) die Handtasche
push drücken
  (*products on market*) puschen
  we want to push this line hard wir möchten
  diesen Artikel puschen
put: where can I put . . . ? wo kann ich . . . hintun?
  we want to put the deadline back wir möchten
  die Frist verlängern

Q

qualified: I'm not qualified to comment ich bin nicht
  kompetent, um einen Kommentar abzugeben
qualitative qualitativ
quality die Qualität
quality control die Qualitätskontrolle
quality control department die Abteilung für
  Qualitätskontrollen
quantify quantifizieren
quantitative quantitativ
quantity: what sort of quantity do you envisage?
  welche Menge stellen Sie sich vor?
quarter ein Viertel
  (*quarter year*) das Quartal
  a quarter of an hour eine Viertelstunde
quarterly vierteljährlich
question die Frage
  do you have any other questions? haben Sie sonst
  noch Fragen?
questionnaire der Fragebogen
quick schnell
  that was quick das ging schnell
quiet ruhig
  a quiet time of the year eine ruhige Zeit
quite ganz

quite a lot ziemlich viel
quite! genau!
Quittung receipt
quota (*of work*) das Pensum
(*of goods*) das Kontingent
quotation, quote der Kostenvoranschlag
quote: we'd like to quote for it wir möchten Ihnen
dafür einen Kostenvoranschlag geben
at the price we quoted zu dem von uns
angebotenen Preis

R

Rabatt discount
radio das Radio
rail: by rail per Bahn
rain der Regen
it's raining es regnet
raincoat der Regenmantel
raise (*finance*) aufbringen
(*rate*) erhöhen
range (*of products*) das Sortiment
a new range ein neues Sortiment
rare selten
(*steak*) blutig
rate: the rate of exchange der Wechselkurs
our rates for this year unsere Preise für dieses
Jahr
the current rate of increase/growth die derzeitige
Steigerungs-/Wachstumsrate
at a monthy rate of 2% bei einer Monatsrate von
zwei Prozent
at any rate auf jeden Fall
rather: I'd rather have a . . . ich hätte lieber ein . . .
I'd rather not lieber nicht!

ä [eh], au as in how, äu, eu [oy], ei as in I, ie [ee], ö as in
her, ü, y as in huge, -b [-p], -d [-t], j [y], qu [kv], s- [z-],
ß [ss], v [f], w [v], z [ts]

it's rather expensive es ist ganz schön teuer
Rauchen verboten no smoking
Raucher smoking *compartment*
raw materials die Rohstoffe
razor der Rasierapparat
razor blades Rasierklingen
rd. = rund approx.
reach (*agreement*) erreichen
read: you read it lesen Sie es bitte
   something to read etwas zu lesen
ready: when will it be ready? wann ist es fertig?
real (*genuine*) echt
   the real cost der Effektivpreis
really wirklich
reason der Grund
   there are several reasons why ... es gibt
   verschiedene Gründe dafür, warum ...
reasonable vernünftig
receipt (*in restaurant, etc.*) die Quittung
   can I have a receipt, please? kann ich bitte eine
   Quittung haben?
   we are in receipt of ... wir haben ... erhalten
   please acknowledge receipt bitte bestätigen Sie
   den Erhalt
   on receipt of ... nach Erhalt ...
receive (*goods, order*) erhalten
recently kürzlich
reception (*hotel, also welcome*) der Empfang
   at the reception desk am Empfang
receptionist (*male*) der Empfangschef
   (*female*) die Empfangsdame
recession die Rezession
Rechnung invoice
Rechnungsdatum date of invoice
Rechnungsjahr fiscal year
Rechnungsnummer invoice number
recognize (*person*) wiedererkennen
   (*effort, etc.*) anerkennen
recommend: can you recommend ...? können Sie ...
empfehlen?

reconsider: we are willing to reconsider wir sind
  bereit, es noch einmal zu überlegen
record (*adjective*) Rekord-
  in record time in Rekordzeit
  a record level ein Rekordstand
  this is strictly off the record nur unter uns
red rot
  in the red in den roten Zahlen
  out of the red aus den roten Zahlen
reduce (*price*) ermäßigen
  (*costs*) senken
reduction (*in price*) die Ermäßigung
  (*in costs*) die Senkung
  reduction in force (*R.I.F.*) Kürzungen, den Rotstift
  ansetzen
refer: we refer to your recent letter of the ... wir
  nehmen Bezug auf Ihr letztes Schreiben vom ...
reference: with reference to ... mit Bezug auf ...
  our/your reference unser/Ihr Zeichen
reference number das Zeichen
refuse: I refuse ich weigere mich
  they are refusing to pay sie weigern sich zu
  zahlen
regard: with regard to ... in bezug auf ...
  regarding your inquiry bezüglich Ihrer Anfrage
  as regards price/quality was den Preis/die
  Qualität betrifft
  with kind regards Mit freundlichen Grüßen
region das Gebiet
  in this region in diesem Gebiet
  in the region of $5,000 etwa $5.000
registered: I want to send it registered ich möchte es
  per Einschreiben schicken
regret: I very much regret that ... ich bedaure sehr,
  daß ...
  we regret to hear that ... wir hören mit

ä [eh], au as in how, äu, eu [oy], ei as in I, ie [ee], ö as in
her, ü, y as in huge, -b [-p], -d [-t], j [y], qu [kv], s- [z-],
ß [ss], v [f], w [v], z [ts]

Bedauern, daß . . .
regular regelmäßig
regulations die Bestimmungen
Reisebüro travel agency
relation: the relations between our two companies
    die Beziehungen zwischen unseren beiden
    Firmen
    in the interest of good relations im Interesse guter
    Beziehungen
relationship das Verhältnis
relevant relevant
rely: you can rely on it Sie können sich darauf
    verlassen
remaining: the remaining amounts/work die
    restlichen Beträge/restliche Arbeit
remember: don't you remember? wissen Sie das
    nicht mehr?
    I'll always remember das werde ich nie vergessen
    if I remember correctly wenn ich mich recht
    daran erinnere
remind: we would remind you that . . . wir möchten
    Sie daran erinnern, daß . . .
reminder die Mahnung
    final reminder die letzte Mahnung
renew *(contract, etc.)* erneuern
rent: can I rent a car? kann ich ein Auto mieten?
repair: can you repair it? können Sie es reparieren?
repeat: could you repeat that? könnten Sie das bitte
    wiederholen?
repeat order eine Nachbestellung
replace ersetzen
replacement parts Ersatzteile
reply die Antwort
    (to an ad) die Zuschrift
    in reply to your letter in Beantwortung Ihres
    Schreibens
report der Bericht
    we shall report back to you wir werden Ihnen
    Bericht erstatten
    whom does he report to? wer ist sein

Vorgesetzter?
representative der Vertreter
reputation der Ruf
request der Wunsch
    upon request auf Wunsch
requirements: we hope this meets your requirements
    wir hoffen, daß das Ihren Wünschen entspricht
    our present stock requirements unsere
    momentanen Bestandserfordernisse
rescue retten
research forschen
research and development Forschung und
    Entwicklung
reservation die Reservierung
    I want to make a reservation for ... (hotel) ich
    möchte ein Zimmer für ... bestellen
    (theater) ich möchte einen Platz für ...
    reservieren lassen
reserve: can I reserve a seat/table? kann ich einen
    Platz/Tisch reservieren lassen?
    YOU MAY THEN HEAR ...
    wie war der Name, bitte? *what name, please?*
    für wann, bitte? *for what time?*
    we reserve the right to ... wir behalten uns das
    Recht für ... vor
resign: he's resigned er ist zurückgetreten
responsibility: this is your responsibility Sie tragen
    dafür die Verantwortung
    we cannot accept responsibility wir können keine
    Verantwortung übernehmen
responsible verantwortlich
rest der Rest
    you keep the rest stimmt so
restaurant das Restaurant
Restbetrag outstanding balance
result: as a result of this als Ergebnis davon

ä [eh], au as in how, äu, eu [oy], ei as in I, ie [ee], ö as in
her, ü, y as in huge, -b [-p], -d [-t], j [y], qu [kv], s- [z-],
ß [ss], v [f], w [v], z [ts]

this year's results die Ergebnisse dieses Jahres
excellent results ausgezeichnete Ergebnisse
résumé der Lebenslauf
retailer der Einzelhändler
retail outlet das Einzelhandelsgeschäft
retail price der Einzelhandelspreis
retired pensioniert
return: a return (ticket) to . . . *(a round-trip ticket to
. . .)* eine Rückfahrkarte nach . . .
by return mail postwendend
please reply by return telex wir bitten um
umgehende Rückantwort per Telex
the return on this investment die Gewinne aus
der Investition
return on capital der Kapitalertrag
if the returns are satisfactory wenn die Einkünfte
zufriedenstellend sind
returns *(goods sent back)* die Retouren
we are returning the substandard specimens wir
senden die minderwertigen Exemplare zurück
revenues der Umsatz
an increase in revenues eine Umsatzsteigerung
revise *(plan)* überarbeiten
rich reich; *(food)* schwer
ridiculous lächerlich
right: you don't have the right to . . . Sie haben kein
Recht . . . zu . . .
that's right das stimmt
you're right Sie haben recht
on the right rechts
right here genau hier
right away sofort
rights die Rechte
we retain all the rights wir behalten alle Rechte
if we grant you the manufacturing rights wenn
wir Ihnen die Produktionslizenz gewähren
rip off: it's a rip-off das ist Wucher
rise *(in prices, costs)* der Anstieg
rising costs steigende Kosten
road die Straße

which is the road to . . . ? wo geht es nach . . . ?
rob: I've been robbed ich bin bestohlen worden
room das Zimmer
   have you got a (single/double) room? haben Sie ein (Einzel/Doppel)zimmer frei?
   for one night/for three nights für eine Nacht/für drei Nächte
   YOU MAY THEN HEAR . . .
   mit oder ohne Bad? *with or without a bath?*
   für wieviele Nächte/Personen? *for how many nights/people?*
   tut mir leid, wir sind voll ausgebucht/wir haben nichts mehr frei *sorry, we're full*
room service der Zimmerservice
roughly ungefähr
round: in round figures rund
   to round a figure off eine Zahl aufrunden
   this is my round (drinks) das ist meine Runde
   a round-trip ticket to . . . eine Rückfahrkarte nach . . .
route die Strecke
   please specify delivery route bitte geben Sie den genauen Versandweg an
   by the usual sea route auf dem normalen Seeweg
royalties Tantiemen
rubber der Gummi
rubber band ein Gummiband
rude unhöflich
Ruhetag closed all day
rum ein Rum
   rum and Coke® Cola mit Rum
run: a run on the market ein Ansturm auf den Markt
running costs (for organization) die Betriebskosten
Russia Rußland
Russian russisch

ä [eh], au as in how, äu, eu [oy], ei as in I, ie [ee], ö as in her, ü, y as in huge, -b [-p], -d [-t], j [y], qu [kv], s- [z-], ß [ss], v [f], w [v], z [ts]

S

sad traurig
   we are sad to hear wir bedauern, daß . . .
safe sicher
salary das Gehalt
Saldo *balance*
sale der Verkauf
   they're not for sale sie sind unverkäuflich
sales der Absatz, der Umsatz
   sales are improving/dropping off der Absatz
   steigt/geht zurück
   sales volume das Verkaufsvolumen
   total sales for the past year der Gesamtverkauf
   des Vorjahres
sales campaign
   die Verkaufskampagne
sales department die Verkaufsabteilung
sales director der Verkaufsdirektor
sales drive die Verkaufskampagne
salesman der Verkäufer
   he is a good salesman er ist ein guter Verkäufer
sales manager der Salesmanager, der Verkaufsleiter
sales-oriented: a more sales-oriented approach eine
   verkaufsorientiertere Methode
sales outlet die Verkaufsstelle
sales person der Verkäufer/die Verkäuferin
sales target das Verkaufsziel
same der-/die-/dasselbe
   the same again, please das gleiche noch mal bitte
   the same to you (danke) gleichfalls
sample ein Muster, ein Probeexemplar
   sample models die Muster(proben)
satisfaction: to our/your complete satisfaction zu
   unserer/Ihrer vollsten Zufriedenheit
satisfactory zufriedenstellend
   a very satisfactory solution eine sehr
   zufriedenstellende Lösung
   your performance is not satisfactory Ihre Leistung
   ist nicht zufriedenstellend
   the standard of work is not satisfactory die Arbeit

ist nicht zufriedenstellend

satisfy: we are not satisfied with . . . wir sind mit . . . nicht zufrieden

    I hope you will be satisfied with . . . ich hoffe, Sie sind mit . . . zufrieden

    we are not satisfied that everything possible has been done wir sind nicht davon überzeugt, daß alles mögliche getan wurde

Saturday Samstag

sauna die Sauna

save: this way we save $5,000 auf diese Weise sparen wir $5.000

    it saves a lot of trouble das erspart viel Mühe

    in order to save time um Zeit zu sparen

saving: a considerable saving in costs/time eine beträchtliche Kosten-/Zeitersparnis

savings account das Sparkonto

say sagen

    how do you say . . . in German? wie heißt . . . auf deutsch?

    what did he say? was hat er gesagt?

    what do you say to that? was sagen Sie dazu?

    do we have a say in . . . ? haben wir bei . . . ein Mitspracherecht?

Schaden damage

schedule der Terminplan

    on/behind schedule *(travel)* pünktlich/verspätet

    work is on schedule die Arbeit verläuft programmgemäß

    work is behind schedule wir sind mit der Arbeit im Verzug

scheduled flight der Linienflug

Schlafwagen sleeping car

Schließfächer luggage lockers, safe deposit boxes

Schlußverkauf sale

schnaps ein Schnaps

ä [eh], au as in how, äu, eu [oy], ei as in I, ie [ee], ö as in her, ü, y as in huge, -b [-p], -d [-t], j [y], qu [kv], s- [z-], ß [ss], v [f], w [v], z [ts]

» *some schnaps varieties are:*
Anis *aniseed brandy;* **Brombeergeist** *blackberry
brandy;* **Enzian** *gentian;* **Fenchel** *fennel;* **Genever**
juniper berries; **Himbeergeist** *raspberry brandy;*
Kirschgeist/Kirschwasser *cherry brandy;* **Korn**
grain; **Kümmel** *caraway seed brandy;* **Steinhäger**
juniper berries; **Zwetschgenwasser** *plum brandy;
a "Doppelkorn" or a "Doppelkümmel" is stronger;
most varieties of schnaps, however, will be at least
76° proof*
Schreiben *letter*
Schuldner *debtor, borrower*
scissors: a pair of scissors eine Schere
scope *(of project, etc.)* der Umfang
    beyond the scope of these talks über den Rahmen
    dieser Gespräche hinaus
Scot Schotte/Schottin
Scotland Schottland
Scottish schottisch
scratch der Kratzer
sea das Meer
    by sea auf dem Seeweg
sea freight die Seefracht
season die Saison
    in the high/low season in der
    Hochsaison/Nebensaison
seat der (Sitz)platz
    is this somebody's seat? ist hier noch frei?
seat belt der Sicherheitsgurt
second zweite(r,s)
    (time) die Sekunde
    just a second einen Moment, bitte
second class zweiter Klasse
second hand gebraucht
seconds *(goods)* zweite Wahl
secretary die Sekretärin
sector: in the private/public sector im
    privaten/öffentlichen Bereich
secure *(order)* erhalten
    (loan) (ab)sichern

security *(for loan, of premises, etc.)* die Sicherheit
see sehen
>   **oh, I see** ach so!
>   **have you seen . . . ?** haben Sie . . . gesehen?
>   **can I see the samples?** kann ich die Muster sehen?
>   **I'd like to see your figures** ich möchte Ihre Zahlen sehen

seem scheinen
>   **it would seem so** es sieht so aus

Seeweg: auf dem Seeweg by sea
Selbstkostenpreis cost price
seldom selten
selection *(of goods)* die Auswahl
self-financing selbstfinanzierend
self-service Selbstbedienung
sell verkaufen
>   **to sell something to somebody** jemandem etwas verkaufen
>   **if you can sell them the idea** wenn Sie ihnen die Idee verkaufen können
>   **they are selling well/slowly** sie verkaufen sich gut/langsam

send senden
>   **I'll send one to you** ich sende Ihnen eins zu
>   **would you send us some samples?** könnten Sie uns bitte einige Proben zuschicken?
>   **the goods are to be sent by container** die Waren sollen per Container verschickt werden
>   **to send something by mail/by telex** etwas per Post/Telex senden

sender der Absender
separate getrennt
>   **under separate cover** mit getrennter Post
>   **that's a separate matter** das ist ganz was anderes
>   **it's a separate company** das ist eine Firma für sich

ä [eh], au as in h*ow*, äu, eu [oy], ei as in *I*, ie [ee], ö as in her, ü, y as in h*uge*, -b [-p], -d [-t], j [y], qu [kv], s- [z-], ß [ss], v [f], w [v], z [ts]

September September
serial number die Seriennummer
series die Serie
   a new series eine neue Serie
serious (*situation*) ernst
   (*mistake, problem*) schwerwiegend
   I'm serious ich meine es ernst
   this is serious das ist ernst
   is it serious? ist es schlimm?
**service: we're not satisfied with the service we're
   getting** wir sind mit dem Service nicht zufrieden
   we are pleased to be of service to you wir freuen
   uns, Ihnen behilflich sein zu können
   his service to the company seine Verdienste in
   der Firma
   it's all part of the service das gehört alles zum
   Service
service contract der Wartungsvertrag
service industries der Dienstleistungssektor
service manual die Wartungsanleitung
service station die Tankstelle
set: a set of new parts ein Satz neuer Teile
   let's set a date wir wollen einen Termin festsetzen
   let's set a new deadline wir wollen eine neue
   Frist festsetzen
   to set up a company eine Firma gründen
settle: I want to settle this before I leave ich möchte
   das abschließen, bevor ich abreise
   please settle your account bitte gleichen Sie Ihr
   Konto aus
   please settle within 30 days bitte bezahlen Sie
   innerhalb von dreißig Tagen
settlement: a satisfactory settlement eine
   befriedigende Regelung
   in settlement of our account zur Begleichung
   unserer Rechnung
   we look forward to receiving your settlement wir
   erwarten Ihre Zahlung
settlement discount Skonto
several mehrere

shake schütteln
    to shake hands die Hand schütteln
    let's shake (hands) on it wir wollen es mit Handschlag bekräftigen
» *TRAVEL TIP: it is normal to shake hands each time you meet someone and when you leave someone*
shame: what a shame wie schade
shampoo ein Schampoo(n)
shape up: it's shaping up well es entwickelt sich gut
share *(in company)* die Aktie
    we must share the blame daran sind wir beide schuld
share capital das Aktienkapital
shareholder der Aktionär
shave rasieren
shaver der Rasierapparat
shaving cream der Rasierschaum
she sie
    she is sie ist
sherry ein Sherry
ship das Schiff
    by ship per Schiff
    (send) versenden
    (by sea also) verschiffen
    they'll be ready for shipping sie sind versandfertig
    they'll be shipped to you next week sie gehen nächste Woche an Sie ab
shipment: the next shipment of ... die nächste Sendung ...
    they'll be ready for shipment on ... sie werden am ... zum Versand fertig sein
    each shipment jede Sendung
shipping agent *(sea)* (Seehafen-)spediteur
shipping documents die Versandpapiere
shipping instructions die Versandanweisungen
shirt das Hemd

ä [eh], au as in how, äu, eu [oy], ei as in I, ie [ee], ö as in her, ü, y as in huge, -b [-p], -d [-t], j [y], qu [kv], s- [z-], ß [ss], v [f], w [v], z [ts]

shock der Schock
shoe der Schuh
shop des Geschäft
   I have some shopping to do ich muß noch ein
   paar Einkäufe machen
short kurz
   on short notice kurzfristig
   I'm three short ich habe drei zu wenig
shortage die Knappheit, der Mangel
short cut die Abkürzung
shortfall (*in figures, supplies*) das Defizit
short-term kurzfristig
   in the short term auf kurze Sicht
show zeigen
   please show me bitte zeigen Sie mir
showcase der Schaukasten
shower: with shower mit Dusche
shrink-wrapped eingeschweißt, plastikverschweißt
shut schließen, (*closed*) geschlossen
   when do you shut? wann machen Sie zu?
Sicherheit security
sick krank
side die Seite
   he does that on the side er macht das nebenbei
   we're on your side wir sind auf Ihrer Seite
   side street die Seitenstraße
   by the side of the road am Straßenrand
sight: payable at sight zahlbar bei Sicht
   three days after sight drei Tage nach Sicht
sight draft der Sichtwechsel
sign (*notice*) ein Zeichen
   please sign here bitte hier unterschreiben
   to sign a contract einen Vertrag unterzeichnen
   it's not signed es ist nicht unterschrieben
   I'm not signing that! das unterschreibe ich nicht!
signature die Unterschrift
silly dumm
silver das Silber
similar ähnlich
simple einfach

since: since last week seit letzter Woche
   (*because*) *weil*
sincere aufrichtig
   sincerely yours Mit freundlichen Grüßen
   see **letter**
single: single room ein Einzelzimmer
   I'm single ich bin ledig
   a single/two singles to . . . einmal
   einfach/zweimal einfach nach . . .
sit: can I sit here? kann ich mich hierher setzen?
site: a good/bad site ein guter/schlechter Platz, Lage
situation die Situation
   the financial/economic situation die
   finanzielle/wirtschaftliche Lage
   in the present situation in der momentanen
   Situation
   a cut-back situation eine
   Rationalisierungssituation
size die Größe
skill das Geschick
skilled worker ein gelernter Arbeiter
skirt der Rock
Skonto discount
slash: 2 slash 4 zwei Schrägstrich vier
sleep: I can't sleep ich kann nicht schlafen
sleeping car (*rail*) der Schlafwagen
sleeping pill eine Schlaftablette
slide (*photo*) das Dia
slide presentation eine Diavorführung
sliding scale eine gleitende Skala
slow langsam
   that's too slow das ist zu langsam
   you're slowing down Sie werden langsamer
   could you speak a little slower? könnten Sie bitte
   etwas langsamer sprechen?
small klein

ä [eh], au as in h*ow*, äu, eu [oy], ei as in I, ie [ee], ö as in
her, ü, y as in h*uge*, -b [-p], -d [-t], j [y], qu [kv], s- [z-],
ß [ss], v [f], w [v], z [ts]

small change das Kleingeld
smoke der Rauch
    do you smoke? rauchen Sie?
    can I smoke? darf ich rauchen?
smooth glatt
    please try to smooth things over versuchen Sie,
    bitte, die Angelegenheit in Ordnung zu bringen
    it all went very smoothly es ging alles ganz glatt
snack: can we just have a snack? können wir einen
    Imbiß bekommen?
» *TRAVEL TIP: you will find plenty of indoor and*
    outdoor snackbars called "Schnellimbiß" or
    "Imbißstube" which sell sausages, etc.
snow der Schnee
so so
    not so much nicht so viel
soap die Seife
sober nüchtern
social: this is a social visit ich bin privat *or* ich bin
    nicht geschäftlich hier
social security die Sozialversicherung
socks die Socken
soda (water) ein Soda(wasser)
Sofortreinigung (fast service) dry cleaner's
soft drink ein alkoholfreies Getränk
soft sell das Soft selling
software die Software
sole agency die Alleinvertretung
sole agent der Alleinvertreter
sole rights alleinige Rechte
Soll debit
solo: to go solo sich selbständig machen
solution die Lösung
some: some people einige Leute
    can I have some? kann ich etwas bekommen?
    can I have some leaflets? kann ich ein paar
    Prospekte bekommen?
    can I have some more? kann ich noch etwas
    bekommen?
    that's some drink! das ist vielleicht ein Getränk!

somebody jemand
something etwas
sometime irgendwann
sometimes manchmal
somewhere irgendwo
Sonderangebot special *offer*
soon bald
   as soon as possible so bald wie möglich
sooner eher
sore throat Halsschmerzen
sorry: (I'm sorry) Entschuldigung!
   we are sorry to hear . . . es tut uns leid, daß . . .
sort: this sort diese Art
   what sort of . . . ? was für ein . . . ?
   will you sort it out? können Sie das in Ordnung
   bringen?
so so so la la
south der Süden
South Africa Südafrika
South African südafrikanisch
South America Südamerika
souvenir ein Souvenir
space: extra space in the container zusätzlicher
   Raum im Container
   for reasons of space aus Platzgründen
Spain Spanien
Spanish spanisch
spare: spare part das Ersatzteil
speak: do you speak English? sprechen Sie Englisch?
   I don't speak . . . ich kann kein . . . sprechen
special besondere
   special terms besondere Bedingungen
   special case ein Sonderfall
   a special job/order ein einmaliger
   Auftrag/einmaliges Angebot
   we'll do this one as a special order wir behandeln

ä [eh], au as in h*ow*, äu, eu [oy], ei as in I, ie [ee], ö as in
her, ü, y as in huge, -b [-p], -d [-t], j [y], qu [kv], s- [z-],
ß [ss], v [f], w [v], z [ts]

das als eine einmalige Angelegenheit
specialist: der Fachmann
specialize: we specialize in . . . wir haben uns auf . . .
  spezialisiert
specially (*especially*) besonders
specific speziell
specifications (*of equipment*) die technischen Daten
specify spezifizieren, genau angeben
  please specify time and place bitte geben Sie Zeit
  und Ort genau an
  please specify whether . . . bitte geben Sie an,
  ob . . .
  the items specified in our order die auf unserer
  Bestellung aufgeführten Artikel
  at the specified time/place zur angegebenen
  Zeit/am angegebenen Ort
specimen die Probe
Spediteur carrier
speed die Geschwindigkeit
  speed is of the essence Schnelligkeit ist von
  ausschlaggebender Bedeutung
  please speed things up bitte beschleunigen Sie das
Speiseraum dining room
Speisewagen dining car
spell: how do you spell it? wie schreibt man das?
spend (*money*) ausgeben
Spesen expenses
split (*costs, etc.*) aufteilen
spoon der Löffel
spot: our man on the spot unser Mann am Ort
sprain: I've sprained it ich habe es mir verstaucht
spring die Feder
  (*season*) der Frühling
square (*in town*) der Platz
  2 square meters zwei Quadratmeter
Staatsangehörigkeit nationality
staff das Personal
stage: at this stage of the work in diesem Stadium
  der Arbeit
staggered payments gestaffelte Zahlungen

stagnation die Stagnation
stairs die Treppe
stamp die Briefmarke
    two stamps for the U.S. zwei Briefmarken nach
    Amerika
stand stehen
    (at fair) der Stand
    we stand by what we said wir bleiben bei dem,
    was wir gesagt haben
standard der Standard, die Norm
    U.S. standards ASEA-Normen
    (adjective) normal
stand-by *(ticket)* Standby
standing order ein Dauerauftrag
star der Stern
    a two/three/four/five-star hotel ein
    Zwei-/Drei-/Vier-/Fünf-Sterne-Hotel
start anfangen
    my car won't start mein Auto springt nicht an
    when does it start? wann fängt es an?
    starting next month ab nächsten Monat
starving: I'm starving ich habe einen Riesenhunger
statement *(bank)* der Auszug
    (from supplier, etc.) die Rechnung
    to make a statement on something eine Erklärung
    über etwas abgeben
statement of account der Kontoauszug
station der Bahnhof
stay der Aufenthalt
    we enjoyed our stay es hat uns gut gefallen
    I'm staying at . . . ich wohne in . . .
steady *(increase, improvement)* ständig
steak ein Steak
    YOU MAY HEAR . . .
    wie möchten Sie Ihr Steak gebraten haben? ganz
    durch, halbdurch oder blutig? *how would you like*

ä [eh], au as in h*ow*, äu, eu [oy], ei as in I, ie [ee], ö as in
her, ü, y as in h*uge*, -b [-p], -d [-t], j [y], qu [kv], s- [z-],
ß [ss], v [f], w [v], z [ts]

your steak done? well done, medium or rare?
steep: steep prices hohe Preise
steps: what steps are you taking? welche
    Maßnahmen ergreifen Sie?
    we'll take the necessary steps wir werden die
    notwendigen Maßnahmen ergreifen
sterling Sterling
Steuer tax
Stichprobe spot check
still: we're still waiting for the goods wir warten
    immer noch auf die Ware
    they're still the best sie sind immer noch die
    besten
stock der Bestand
    stock is running low die Lagerbestände sind
    niedrig
    they're out of stock sie sind nicht vorrätig
    our current stock position unsere derzeitige
    Bestandslage
    we don't stock them any more die führen wir
    nicht mehr
stock control die Bestandskontrolle
Stock Exchange die Börse
stock (or share) issue eine Aktienausgabe
stock level die Lagerbestände
stock list die Warenliste
stomach der Magen
    I've got a stomachache ich habe Magenschmerzen
    do you have something for an upset stomach?
    haben Sie etwas gegen Magenbeschwerden?
stop: we intend to stop shipments unless ... wir
    beabsichtigen, die Lieferungen einzustellen, es sei
    denn ...
    please stop all work stellen Sie bitte die Arbeit
    ein
    do you stop near ...? halten Sie in der Nähe
    von...?
    stop! halt!
stopover die Zwischenstation
stoppage die Unterbrechung

store (*shop*) das Geschäft
storm der Sturm
stornieren to cancel
strafbar: ... *ist strafbar* ... is punishable
   (misdemeanor)
straight gerade
  go straight ahead gehen Sie geradeaus
  straight up (*drink*) pur
straight: let's get this straight das wollen wir mal
  klarstellen
  we've always been straight with you wir sind
  immer offen und ehrlich zu Ihnen gewesen
straighten: can you straighten this out? können Sie
  das wieder in Ordnung bringen?
strange fremd
  (*odd*) seltsam
stranger der Fremde
  I'm a stranger here ich bin hier fremd
strategy die Strategie
streamlined rationalisiert
street die Straße
strength die Stärke
stress der Streß
  he's suffering from stress er leidet unter Streß
  I want to stress the importance of this ich möchte
  die Wichtigkeit dieser Angelegenheit betonen
strike der Streik
string: have you got any string? haben Sie Schnur?
stringent streng
strong stark
structure die Struktur
study: I want to study the figures ich möchte die
  Zahlen überprüfen
stupid dumm
style der Stil
subcontract: if you subcontract the work to ... wenn

ä [eh], au as in h*ow*, äu, eu [oy], ei as in I, ie [ee], ö as in
her, ü, y as in h*uge*, -b [-p], -d [-t], j [y], qu [kv], s- [z-],
ß [ss], v [f], w [v], z [ts]

Sie die Arbeit vertraglich an ... weitergeben
subcontractor der Zulieferer
subject to vorbehaltlich
submit: to submit a report einen Bericht vorlegen
subscriber der Abonnent
subscription das Abonnement [abonnuh-mon]
   to take out a subscription to something etwas
   abonnieren
subsidiary die Tochtergesellschaft
subway die U-Bahn
succeed Erfolg haben
   if you succeed in improving sales wenn Sie den
   Absatz steigern können
success der Erfolg
   I wish you every success ich wünsche Ihnen viel
   Erfolg
successful erfolgreich
such: such a lot so viel
suddenly plötzlich
sue verklagen
   we intend to sue ... wir beabsichtigen, ... zu
   verklagen
   to sue for $50,000 auf $50.000 Schadenersatz
   verklagen
suffer: sales have suffered der Absatz hat gelitten
sugar der Zucker
suit (man's) der Anzug
   (woman's) das Kostüm
suitable passend
   not suitable for ... für ... nicht geeignet
suitcase der Koffer
summary eine Zusammenfassung
summer der Sommer
sun die Sonne
Sunday Sonntag
supermarket der Supermarkt
supersede: the model has been superseded by ... das
   Modell wurde von ... abgelöst
supper das Abendessen
supplier der Lieferant

our suppliers unsere Lieferanten
supply (*customer*) beliefern
  (*goods*) liefern
  supply and demand Angebot und Nachfrage
  continuity of supply die Kontinuität der Lieferung
  it's basically a supply problem das ist im Prinzip
  eine Versorgungsfrage
  our supplies are running out unsere Vorräte
  gehen zur Neige
  a new source of supply eine neue Quelle
  can you supply us with . . . ? können Sie uns mit
  . . . beliefern?
  we can supply them at 20% discount wir können
  sie mit zwanzig Prozent Rabatt liefern
  **the various services/products which we can
  supply** die verschiedenen
  Dienstleistungen/Produkte, die wir anbieten
  können
support: we need your support wir brauchen Ihre
  Unterstützung
sure: I'm not sure ich bin nicht sicher
  are you sure? sind Sie sicher?
  please make sure that . . . bitte vergewissern Sie
  sich, daß . . .
  I'm sure you will like the product ich bin sicher,
  daß Ihnen das Produkt zusagt
surname der Nachname
survey (*of market*) die Marktforschung, Umfrage
  (*of property*) ein Gutachten
suspend (*order*) einstellen
Sweden Schweden
Swedish schwedisch
Swiss Schweizer
  (*person*) Schweizer/Schweizerin
switch der Schalter
  to switch on/off anschalten/abschalten

ä [eh], au as in h*o*w, äu, eu [oy], ei as in I, ie [ee], ö as in
her, ü, y as in h*u*ge, -b [-p], -d [-t], j [y], qu [kv], s- [z-],
ß [ss], v [f], w [v], z [ts]

Switzerland die Schweiz
   in Switzerland in der Schweiz
symbol das Symbol
sympathetic: we are very sympathetic with your
   position wir haben für Ihre Position großes
   Verständnis

T

table ein Tisch
   a table for 4 ein Tisch für vier Personen
table wine Tafelwein
tailor: tailored to your requirements auf Ihre
   Bedürfnisse zugeschnitten
take nehmen
   can I take this with me? kann ich das
   mitnehmen?
   we'll take a thousand of each wir nehmen je
   tausend
   will you take them back? werden Sie sie
   zurücknehmen?
   to take out an insurance policy eine Versicherung
   abschließen
   will you take me to the airport? können Sie mich
   zum Flughafen bringen?
   the plane takes off at ... die Maschine geht
   um ...
   it will take 3 months es wird drei Monate dauern
   somebody has taken my bags jemand hat mein
   Gepäck mitgenommen
   I'll take you up on that ich nehme Sie beim Wort
takeover die Übernahme
takeover bid das Übernahmeangebot
talk sprechen
talks die Gespräche
tampons die Tampons
tape das Tonband
tape recorder das Tonbandgerät
target das Ziel

to set a target ein Ziel setzen
we're on target es läuft nach Plan
we're below target wir sind im Verzug
target date der Abschlußtermin
target market die Zielgruppe
tariff der Tarif
 (*in hotels*) die Preisliste
taste der Geschmack
 it tastes terrible/very good das schmeckt
 fürchterlich/sehr gut
tax: before tax vor Abzug der Steuern, brutto
 after tax nach Abzug der Steuern, netto
taxi ein Taxi
 will you get me a taxi? rufen Sie mir bitte ein
 Taxi?
 where can I get a taxi? wo bekomme ich ein
 Taxi?
tax return die Steuererklärung
tea der Tee
 could I have a cup/pot ot tea? könnte ich bitte
 eine Tasse/ein Kännchen Tee haben?
 YOU MAY THEN HEAR ...
 mit Zitrone? *with lemon?*
 no, with milk, please nein, mit Milch, bitte
team das Team
teamwork Teamwork
technical technisch
 the technical departments die technischen
 Abteilungen
technician der Techniker
technology die Technologie
telegram ein Telegramm
 I want to send a telegram ich möchte ein
 Telegramm aufgeben
telephone das Telefon
 can I make a phone call? kann ich bitte mal

ä [eh], au as in h*ow*, äu, eu [oy], ei as in I, ie [ee], ö as in her, ü, y as in h*uge*, -b [-p], -d [-t], j [y], qu [kv], s- [z-], ß [ss], v [f], w [v], z [ts]

telefonieren?
can I speak to ...? kann ich bitte ... sprechen?
I'll telephone you when I get back ich rufe Sie an,
wenn ich zurück bin
as I mentioned on the telephone wie ich bereits
am Telefon erwähnte
further to our recent telephone conversation
bezugnehmend auf unser letztes Telefongespräch
telephone booth die Telefonzelle
telephone directory das Telefonbuch
» TRAVEL TIP: *lift receiver, money in, dial; unused
coins returned; for international calls look for
boxes with green disc with "Ausland" or
"International"; code for U.S. from Germany
and Switzerland is 001, Austria 9001*
YOU MAY HEAR ...
wen darf ich melden? *who's calling please?*
am Apparat *speaking*
Sie sind falsch verbunden *you've got the wrong
number*
Augenblick bitte *one moment please*
kein Anschluß unter dieser Nummer *number no
longer in use*
bitte warten *please wait*
television das Fernsehen
telex ein Fernschreiben, ein Telex
by telex per Telex
telex transfer der Telex-Transfer
tell: could you tell me where ...? könnten Sie mir
bitte sagen, wo ...?
could you tell him that ... könnten Sie ihm bitte
ausrichten, daß ...
as I told you at our last meeting wie ich Ihnen bei
unserer letzten Besprechung sagte
as I told your colleague wie ich Ihrem Kollegen
sagte
temperature die Temperatur
he has a temperature er hat Fieber
temporary vorübergehend
tender (*bid*) das Angebot

we are interested in tendering for this contract
wir mochten uns an dieser Ausschreibung
beteiligen
Termin date; meeting; deadline
terminate (*agreement*) rückgängig machen
termination (*cancellation*) die Aufhebung
(*expiration*) der Ablauf
terminus die Endstation
terms die Bedingungen
    what are your terms? wie sind Ihre Bedingungen?
    improved terms verbesserte Bedingungen
    under the terms of the agreement nach den
    Vereinbarungsbedingungen
terrible schrecklich
test der Test
    it's still being tested es wird immer noch getestet
than als
    bigger/better than . . . größer/besser als . . .
thanks, thank you danke(schön)
    thank you very much vielen Dank
    YOU MAY THEN HEAR . . .
    bitteschön/bitte sehr *you're welcome*
    thank you for your letter vielen Dank für Ihr
    Schreiben
that dieser/diese/dieses
    I'd like that one ich möchte das da
    I think that . . . ich glaube, daß . . .
    that was . . . das war . . .
the der/die/das
    (*plural*) die
theater das Theater
their ihr
    it's their idea/it's theirs das ist ihre Idee/das ist
    ihre
them sie
    with them mit ihnen

ä [eh], au as in h*o*w, äu, eu [oy], ei as in I, ie [ee], ö as in
her, ü, y as in h*uge*, -b [-p], -d [-t], j [y], qu [kv], s- [z-],
ß [ss], v [f], w [v], z [ts]

then (at that time) dann
    (after that) danach
    (therefore) deshalb
there dort
    how do I get there? wie komme ich dahin?
    is there/are there . . . ? gibt es . . . ?
    there you are (giving) bitte(schön)
these diese
they sie
    they are sie sind
thick dick
thin dünn
thing das Ding
    I've lost all my things ich habe alle meine Sachen
    verloren
think denken
    I'll think it over ich werde darüber nachdenken
    I think so/I don't think so ich glaube schon/ich
    glaube nicht
third dritte(r,s)
thirsty: I'm thirsty ich habe Durst
this dieser/diese/dieses
    can I have this one? kann ich das haben?
    this is Mr. . . ./Mrs. . . . (das ist) Herr . . ./Frau . . .
those diese (da)
    those people diese Leute (da)
through durch
Thursday Donnerstag
ticket (train) die Fahrkarte
    (office) die Kasse
    (bus) der Fahrschein
    (plane) das Ticket
    (movie theater) die Eintrittskarte
    (coat room) die Garderobenmarke
» *TRAVEL TIP: see* **bus**
tie (necktie) die Krawatte
    I'm tied up all day ich bin den ganzen Tag
    beschäftigt
    I want to get all the details tied up ich möchte
    alle Einzelheiten festlegen

Tiefgarage underground parking
tight (schedule) knapp bemessen
    (control) streng
    (margin) eng
    it's tight but I think we'll make it es ist knapp,
    aber ich glaube, wir schaffen es
time die Zeit
    what's the time? wie spät ist es?
    I haven't got time ich habe keine Zeit
    for the time being vorläufig
    this time/last time/next time dieses Mal/letztes
    Mal/nächstes Mal
    3 times dreimal
    3 times as fast dreimal so schnell
    it takes a lot of time das dauert sehr lange
    to arrive in time rechtzeitig ankommen
    to arrive on time pünktlich ankommen
    it's a question of time das ist eine Frage der Zeit
    we need more time wir brauchen mehr Zeit
    we can't give you any more time wir können
    Ihnen nicht mehr Zeit geben
    have a good time! viel Spaß!
» *how to tell time*
    it's one o'clock es ist ein Uhr
    it's 2/3/4/5/6 o'clock es ist
    zwei/drei/vier/fünf/sechs Uhr
    it's 5/10/20/25 past 7 es ist
    fünf/zehn/zwanzig/fünfundzwanzig (Minuten)
    nach sieben
    it's quarter past 8/8:15 es ist Viertel nach
    acht/acht Uhr fünfzehn
    it's half past 9/9:30 es ist halb zehn/neun Uhr
    dreißig
    it's 25/20 to ten es ist fünf/zehn nach halb zehn
    it's quarter to eleven es ist Viertel vor elf
    it's 10/5 to eleven es ist zehn/fünf (Minuten) vor elf

ä [eh], au as in how, äu, eu [oy], ei as in I, ie [ee], ö as in
her, ü, y as in huge, -b [-p], -d [-t], j [y], qu [kv], s- [z-],
ß [ss], v [f], w [v], z [ts]

it's twelve o'clock es ist zwölf (Uhr)
at . . . um . . .
» *TRAVEL TIP: notice that in German half past nine,
   etc. is said as "half ten!"*
time-and-motion study eine Zeitstudie
time-consuming zeitaufwendig
time limit die Frist
timetable *(travel)* der Fahrplan
timing das Timing
   let's talk about the timing of the payments wir
   wollen die Zahlungstermine besprechen
   it's all a question of timing das ist eine Frage des
   Timing
   what's the timing on this? wie sieht's terminmäßig
   aus?
tip das Trinkgeld
   is the tip included? ist das inklusive Bedienung?
» *TRAVEL TIP: tip same people as in U.S.; also
   customary to tip in bars; tip not normally left on
   the table*
tired müde
   I'm tired ich bin müde
tiring: it's tiring es ist anstrengend
tissues Papiertaschentücher
to: to America/Munich nach Amerika/München
   to the factory zur Fabrik
   we'll send it to you wir schicken es Ihnen zu
today heute
   a week/a month from today heute in einer
   Woche/einem Monat
together zusammen
   together with zusammen mit
   we're together wir sind zusammen (hier)
   can we pay all together? können wir alles
   zusammen bezahlen?
toilet die Toilette
   where are the toilets? wo sind die Toiletten?
» *TRAVEL TIP: see* **public restroom**
tomato juice ein Tomatensaft
tomorrow morgen

tomorrow morning morgen früh
tomorrow afternoon morgen nachmittag
tomorrow evening morgen abend
the day after tomorrow übermorgen
see you tomorrow bis morgen
a week from tomorrow morgen in einer Woche
ton die Tonne
» *1 ton = 907.2 kg*
metric ton = 1000 kg = 2205 lbs.
tonic(water) ein Tonic(water)
tonight heute abend
too zu
(also) auch
that's too much das ist zuviel
tool das Werkzeug
we are still tooling up wir sind immer noch beim
Maschinenaufstellen
tooth der Zahn
I've got a toothache ich habe Zahnschmerzen
toothbrush eine Zahnbürste
toothpaste eine Zahnpasta
top: on top of . . . auf . . .
on the top floor im obersten Stock
at the top oben
top management das Spitzen-Management
our top salesman unser Spitzenverkäufer
topic das Thema
top secret streng geheim
total die Endsumme
that makes a total of . . . das beträgt insgesamt . . .
totally total
touch: we'll get in touch with you wir setzen uns mit
Ihnen in Verbindung
please get in touch with . . . setzen Sie sich bitte
mit . . . in Verbindung
please keep in touch bleiben Sie bitte mit uns in

ä [eh], au as in ho*w*, äu, eu [oy], ei as in I, ie [ee], ö as in
he*r*, ü, y as in hu*g*e, -b [-p], -d [-t], j [y], qu [kv], s- [z-],
ß [ss], v [f], w [v], z [ts]

Verbindung
if you could put me in touch with someone who
... wenn Sie mich mit jemand in Verbindung
bringen könnten, der ...
tough *(competition, etc.)* hart
(material) strapazierfähig
towards gegen
towel ein Handtuch
town die Stadt
  in town in der Stadt
  would you take me into town? könnten Sie mich
  bitte in die Stadt fahren?
trade der Handel
  people in the trade Leute vom Fach
trader der Händler
trade secret ein Geschäftsgeheimnis
trade show *(fair)* die Messe
trade union die Gewerkschaft
trading loss das Handelsdefizit
trading profit der Handelsgewinn
trading surplus der Handelsüberschuß
traditional traditionell
  the traditional approach die übliche Methode
  in the traditional way auf traditionelle Art und
  Weise
traffic lights die Ampel
train der Zug
» TRAVEL TIP: *efficient and punctual; if you travel*
  Intercity buy your "Zuschlag" (surcharge ticket)
  first
  YOU MAY HEAR ...
  noch jemand zugestiegen? *any more tickets,*
  please?
trainee der Praktikant, der Auszubildende
train ferry die Zugfähre
training die Ausbildung
tranquilizers Beruhigungsmittel
transfer *(of money)* der Transfer, die Überweisung
  the amount has been transferred to your account
  der Betrag wurde auf Ihr Konto überwiesen

he's been transferred to the Chicago branch er wurde in die Zweigstelle nach Chicago versetzt
transformer der Trafo
transit der Transit, die Durchfahrt
(*of goods*) der Transport
in transit auf der Durchreise
damaged in transit auf dem Transport beschädigt
transit visa das Transitvisum
translate übersetzen
would you translate that for me? könnten Sie das bitte für mich übersetzen?
translation die Übersetzung
translator der Übersetzer
transport der Transport
has transport been arranged for us? ist das Transportproblem gelöst?
transport charges die Transportkosten
transshipment die Umladung
travel reisen
travel agency das Reisebüro
traveler's check der Reisescheck
traveling salesman der Handelsreisende, der Vertreter
Treffen meeting
tremendous enorm
trend der Trend, die Tendenz
trial (*in court*) das Gerichtsverfahren
on a trial basis auf Probe
trials are still being carried out es werden immer noch Tests gemacht
trial order der Probeauftrag
trial period die Probezeit
trial run der Probelauf
trip: the trip out die Hinreise
the return trip die Rückreise
trouble die Schwierigkeiten

ä [eh], au as in h*ow*, äu, eu [oy], ei as in I, ie [ee], ö as in her, ü, y as in h*uge*, -b [-p], -d [-t], j [y], qu [kv], s- [z-], ß [ss], v [f], w [v], z [ts]

I'm having trouble with ... ich habe Schwierigkeiten mit ...
that's just the trouble! genau das ist das Problem
no trouble kein Problem
trouble-free problemlos
troubleshooter *(mediator)* der Vermittler
trousers die Hose
truck der Last(kraft)wagen, der Lkw [el-kah-vay]
truck driver der Lkw-Fahrer
true wahr
it's not true das ist nicht wahr
trust: I trust you ich vertraue Ihnen
we have to trust each other wir müssen einander vertrauen
it's based on trust das beruht auf Vertrauen
trustee der Bevollmächtigte
trustworthy vertrauenswürdig
try versuchen
we'll give it a try wir probieren es
please try to convince him bitte versuchen Sie, ihn zu überzeugen
Tuesday Dienstag
turn: it's our turn to ... wir sind an der Reihe, ... zu ...
as it turned out wie sich herausgestellt hat
turnaround die Bearbeitungszeit
what sort of turnaround can you give us? mit welcher Bearbeitungszeit müssen wir rechnen?
their turnaround is much too slow sie haben eine viel zu lange Bearbeitungszeit
tuxedo der Smoking
twice zweimal
twice as much doppelt soviel
twin beds zwei (Einzel)betten
type: this type of ... diese Art von ...
which type? welche Art?
suitable for all types of ... für alle Arten von ... geeignet
would you have this typed up for me? könnten Sie das bitte für mich tippen lassen?

typewriter eine Schreibmaschine
typical typisch
typist die Schreibkraft

U

U-Bahn subway
Übereinkunft agreement
Überstunden overtime
Übertrag amount carried forward
ulcer ein Magengeschwür
umbrella der Schirm
Umleitung diversion
un- un-, nicht
unabhängig independent
unacceptable nicht akzeptabel, nicht annehmbar
under unter
    under 20% unter zwanzig Prozent
    under the terms of the contract nach den
    Vertragsbedingungen
undercapitalized unterkapitalisiert
undercut: we can undercut their prices wir können
    ihre Preise unterbieten
underdone (*not cooked*) noch nicht gar
underestimate unterschätzen
underpaid unterbezahlt
underpriced zu billig
understaffed unterbesetzt
understand: I understand ich verstehe
    I don't understand das verstehe ich nicht
    do you understand? verstehen Sie?
understanding: if we can reach an understanding
    about the . . . wenn wir eine Vereinbarung über
    die . . . treffen können
unethical (*practice*) unsaubere Geschäfte

ä [eh], au as in h*ow*, äu, eu [oy], ei as in I, ie [ee], ö as in
her, ü, y as in h*u*ge, -b [-p], -d [-t], j [y], qu [kv], s- [z-],
ß [ss], v [f], w [v], z [ts]

unexpected unerwartet
unfounded unbegründet
unfriendly unfreundlich
unhappy unglücklich
    I'm still unhappy about it ich bin immer noch
    nicht damit zufrieden
union *(trade-)* die Gewerkschaft
union steward der Vertrauensmann
unit die Einheit
unit cost die Stückkosten
United States die Vereinigten Staaten
unit price der Stückpreis
Unkosten costs; expenses
unless: unless you can do it by next Wednesday es
    sei denn, Sie können es bis (spätestens) nächsten
    Mittwoch erledigen
unlikely unwahrscheinlich
Unternehmen firm, company; venture
Unterschrift signature
until bis
    until recently bis vor kurzem
    not until Tuesday nicht vor Dienstag
unusual ungewöhnlich
up market *(stock)* die Hausse
up: sales are up 10% der Verkauf ist um zehn
    Prozent gestiegen
    5% up over last year fünf Prozent höher als im
    Vorjahr
    when the extra period is up wenn die
    Verlängerung abgelaufen ist
    up to yesterday bis gestern
    up to 500 bis zu 500
    he's not up yet er ist noch nicht auf
up-to-date aktuell
    to keep the records up to date die Dokumentation
    auf dem laufenden halten
    **will you bring me up to date on what's
    happening?** würden Sie mich bitte über den
    neuesten Stand der Dinge informieren?
up-to-the-minute *(news, report)* allerneueste(r,s)

upturn ein Aufschwung
upward: the trend is still upward es besteht immer
    noch ein Aufwärtstrend
**urgency: please treat this as a matter of the greatest
    urgency** behandeln Sie das bitte als sehr dringend
urgent dringend
Urkunde document, deed
us uns
    it's us das sind wir
use: can I use . . . ? kann ich . . . benutzen?
useful nützlich
usual(ly) gewöhnlich
    as usual wie gewöhnlich
usw. = und so weiter etc.

V

vacancy *(job)* eine freie Stelle
vacation der Urlaub
    we are closed for summer vacation wir haben
    Betriebsferien
    I'll be on vacation ich bin im Urlaub
    see **public holiday**
valid gültig
    how long is it valid? wie lange gilt es?
valuable wertvoll
value der Wert
    we value the work you've done wir wissen Ihre
    Arbeit zu schätzen
VAT die Mehrwertsteuer, MwSt *(not spoken)*
vegetarian Vegetarier/Vegetarierin
verboten forbidden
Vereinbarung agreement

ä [eh], au as in how, äu, eu [oy], ei as in I, ie [ee], ö as in
her, ü, y as in huge, -b [-p], -d [-t], j [y], qu [kv], s- [z-],
ß [ss], v [f], w [v], z [ts]

verify *(check)* (über)prüfen
Verkauf sale
Verkäufer seller
Vermögen assets
Verpackung packing; packaging
Versand dispatch
verschiffen to ship
Verschleiß wear and tear; *(in Austria)* retail trade
Versicherung insurance
Verteilung distribution
Vertreter agent, representative
Vertretung agency
Vertretungsabkommen agency agreement
Vertrag contract
vertraglich contractual
Vertrieb distribution
very sehr
   very much better sehr viel besser
   I very much hope so das hoffe ich stark
vested interest persönliches Interesse
via über
view: in view of ... aufgrund ...
vintage der Jahrgang
visa ein Visum
visit der Besuch
   on our last visit to your factory bei unserem
   letzten Besuch Ihrer Fabrik
   we look forward to Herr Milbrandt's visit wir
   sehen dem Besuch von Herrn Milbrandt mit
   Interesse entgegen
vodka ein Wodka
voice die Stimme
voltage die Spannung
» *TRAVEL TIP:* Voltage in Europe is 220 volt AC
volume die Volumen
Vorbehalt proviso
Vorschrift regulation
Vorsicht! caution
Vorsicht Stufe watch your step
Vorstand board (of directors)

Vortrag carried forward

W

Währung currency

wait: will we have to wait long? werden wir lange warten müssen?

    don't wait for me warten Sie nicht auf mich

    I'm waiting for my colleague ich warte auf meinen Kollegen

waiter der Kellner

    waiter! Herr Ober!

waitress die Kellnerin

    waitress! Fräulein!

wake: will you wake me up at 7:30? würden Sie mich bitte um sieben Uhr dreißig wecken?

Wales Wales

walk: can we walk there? können wir da zu Fuß hingehen?

wall die Mauer

    (inside) die Wand

wallet die Brieftasche

want: I want a . . . ich möchte ein . . .

    I want to talk to . . . ich möchte mit . . . sprechen

    what do you want? was möchten Sie?

    I don't want to ich will nicht

    he wants to . . . er will . . .

    they don't want to sie wollen nicht

    he didn't want to er wollte nicht

warehouse das Lager

warehouse manager der Lagerverwalter

warehousing *(storage)* **costs** die Lagerkosten

Waren goods

Warenzeichen trademark

warm warm

ä [eh], au as in how, äu, eu [oy], ei as in I, ie [ee], ö as in her, ü, y as in huge, -b [-p], -d [-t], j [y], qu [kv], s- [z-], ß [ss], v [f], w [v], z [ts]

warning die Warnung
warranty die Garantie
    it's under warranty darauf ist Garantie
Wartesaal waiting room
was: I was/he was/it was ich war/er war/es war
wash: can you wash these for me? könnten Sie das
    bitte für mich waschen?
watch *(wrist-)* die (Armband)uhr
    will you watch . . . for me? würden Sie bitte für
    mich auf . . . aufpassen?
    watch out! Achtung!
water das Wasser
    can I have some water? kann ich bitte etwas
    Wasser haben?
»   *TRAVEL TIP: When ordering a meal in a restaurant,*
    water is not automatically brought to your table. It
    has to be ordered separately
way: this is the way we see things developing wir
    stellen uns vor, daß sich die Dinge so entwickeln
    OK, let's do it your way okay, machen wir es auf
    Ihre Art
    the goods are on their way die Waren sind
    unterwegs
    could you tell me the way to . . . ? könnten Sie mir
    bitte sagen, wie ich zu/nach . . . komme?
    see **where** *for answers*
waybill der Frachtbrief
we wir
    we are wir sind
weak schwach
wear and tear der Verschleiß
weather das Wetter
    what lousy weather! so ein scheußliches Wetter!
Wechsel bill of exchange; exchange
Wechselkurs rate of exchange
Wednesday Mittwoch
week die Woche
    a week from today/tomorrow heute/morgen in
    einer Woche
    in a week in einer Woche

on the weekend am Wochenende
weigh wiegen
weight das Gewicht
weighting die Zulage
welcome: thank you for your warm welcome vielen
   Dank für Ihre freundliche Aufnahme
   welcome to ... willkommen in ...
   we would welcome your comments wir würden
   uns über Ihr Urteil freuen
well gut
   I'm not feeling well ich fühle mich nicht wohl
   he's not well es geht ihm nicht gut
   how are you? very well, thanks, and you? wie
   geht's? danke, ausgezeichnet, und Ihnen?
   you speak English very well Sie sprechen sehr gut
   Englisch
Welsh walisisch
Werbung promotion; publicity; advertising
were: you were Sie waren
   (familiar form) du warst
   you were *(plural)* Sie waren
   (familiar) ihr wart
   we were wir waren
   they were sie waren
Wert value
west der Westen
West Indies die westindischen Inseln
wet naß
what? was?
   what is that? was ist das?
   what for? wozu?
when? wann?
   when I arrived als ich ankam
   when I arrive wenn ich ankomme
where wo
   where is the post office? wo ist das Postamt?

ä [eh], au as in how, äu, eu [oy], ei as in I, ie [ee], ö as in
her, ü, y as in huge, -b [-p], -d [-t], j [y], qu [kv], s- [z-],
ß [ss], v [f], w [v], z [ts]

YOU MAY THEN HEAR ...
geradeaus *straight ahead*
erste Querstraße links/rechts *first left/right*
an der Ampel vorbei *past the traffic lights*
whether ob
which welcher/welche/welches
   which one? welcher?
   YOU MAY THEN HEAR ...
   dieser/diese/dieses *this one*
   der da/die da/das da *that one*
   der/die/das linke *the one on the left*
whiskey ein Whisky
white weiß
whizzkid ein Senkrechtstarter
who wer
wholesale der Großhandel
wholesale market ein Großmarkt
wholesale prices die Großhandelspreise
wholesaler der Großhändler
whose wessen
   whose is this? wem gehört das?
   YOU MAY THEN HEAR ...
   (das gehört) ihm/ihr/mir *(it belongs) to
   him/her/me*
why? warum?
   why not? warum nicht?
wide weit
wife: my wife meine Frau
will: we'll think about it wir werden es uns
überlegen
   will he agree? wird er zustimmen?
   when will it be finished? wann ist es fertig?
   will you do it? tun Sie es?
willing: are you willing? sind Sie dazu bereit?
   we are willing to try it wir sind bereit, es
auszuprobieren
win gewinnen
   (order, contract) bekommen
window das Fenster
   near the window am Fenster

wine der Wein
    can I see the wine list? kann ich die
    Getränkekarte haben?; *see pages 162-164*
winter der Winter
wire der Draht; *(electrical)* die Leitung
Wirtschaft *the economy*
wise *(policy, decision)* vernünftig
    I think it would be wise to . . . ich glaube, es wäre
    vernünftig, . . . zu . . .
wish: best wishes alles Gute
    please give my best wishes to Herr Polde bitte
    richten Sie Herrn Polde freundliche Grüße aus
    Mr. Gordon sends his best wishes Herr Gordon
    läßt freundliche Grüße ausrichten
    the customers' wishes die Wünsche der Kunden
with mit
withdraw *(money from account)* abheben
    if we withdraw from the project falls wir uns von
    dem Projekt zurückziehen
within: within 3 months innerhalb von drei Monaten
without ohne
    without notice fristlos
    without obligation unverbindlich
witness der Zeuge
    will you act as a witness for me? würden Sie
    mein Zeuge sein?
woman die Frau
wonderful herrlich
wood das Holz
wool die Wolle
word das Wort
    I don't know that word das Wort kenne ich nicht
    I'll take your word for it Ich vertraue ihrem Wort
word-of-mouth *(advertising)* die Mund-zu-
    Mund-Werbung
word processor eine Textverarbeitungsmaschine

ä [eh], au as in h*ow*, äu, eu [oy], ei as in I, ie [ee], ö as in
her, ü, y as in h*uge*, -b [-p], -d [-t], j [y], qu [kv], s- [z-],
ß [ss], v [f], w [v], z [ts]

Wine Guide
There is a huge variety of German wines and the
vast majority of them (some 85%) are white. In
general, German wine is light and refreshing, a very
versatile wine that can be drunk on any occasion.
Strict government controls apply to production and
this is reflected on the wine label. An ability to
decipher the label is, therefore, useful as a guide to
the contents of the bottle. The wine label will
contain three main items:
1. the quality of the wine;
2. the wine-growing area from which the wine
comes;
3. the type of grape.
All three of these items must be present on a bona
fide German wine.

1. There are three quality gradings for German
wine:
Tafelwein;
Qualitätswein;
Qualitätswein mit Prädikat.

Tafelwein (table wine) is the lightest grade of wine.
Qualitätswein has more body and must originate
from one of the eleven approved wine-growing areas.
A Qualitätswein will also have a government control
number on the label.
Qualitätswein mit Prädikat is the top quality German
wine. When this category is designated, the sort of
grape from which the wine is produced will also be
given. These sorts of grapes are:

Auslese (= selection) wine from the ripest bunches
of grapes;
Beerenauslese wine from specially selected single
grapes;
Eiswein a rare wine made from grapes picked after
the first touch of frost;
Kabinett is the lightest wine in this category, usually

dry;
Sekt sparkling wine;
Spätlese (= late harvest) more body, rather sweet;
Trockenbeerenauslese made from individually
selected dried grapes, a superb and very rare and
heady wine.

2.   The eleven official wine-growing areas are (in
alphabetical order):

Ahr try this for red wines;
Baden strong aromatic wines;
Bergstraße very mellow, only whites;
Franken dry, sold in flagons (Bocksbeutel);
Mittelrhein light white wines;
Mosel-Saar-Ruwer sweet and delicate wines mainly
from Riesling grapes;
Nahe mainly Riesling grapes;
Rheingau try these elegant Rieslings
Rheinhessen aromatic, mainly Silvaner grapes;
Rheinpfalz full-bodied wines;
Württemberg very dry white wines; try this also for
red wines, especially a Trollinger.

3.   The official types of grape used for German
wines are:

blauer Portugieser
Gewürztraminer
Kerner
Morio-Muskat
Müller-Thurgau
Riesling
Ruländer
Scheurebe
Silvaner
Spätburgunder (blauer)

ä [eh], au as in how, äu, eu [oy], ei as in I, ie [ee], ö as in
her, ü, y as in huge, -b [-p], -d [-t], j [y], qu [kv], s- [z-],
ß [ss], v [f], w [v], z [ts]

In addition to the three basic quality gradings there is a further type of wine called "deutscher Landwein," an inexpensive and very pleasant wine which is very popular with the Germans.

Some basic wine terms:
Weißwein *white wine*
Rotwein *red wine*
trocken *dry*
halbtrocken *semi-dry*
lieblich *mellow*
süß *sweet*
herb *very dry*

If you'd like something a little lighter try a "Schorle." "Eine saure Schorle" is white wine and mineral water mixed half and half; "eine süße Schorle" is white wine and lemonade mixed half and half. (Comparable to "wine coolers" on the U.S. market.) These are also called "einen sauer-gespritzten Wein" and "einen süß-gespritzten Wein."

If you order a glass of wine this will normally be ¼ liter (ein Viertel = 8 fl. oz.); for a smaller glass ask for "ein Achtel" (⅛ liter).

Some useful phrases:
what would you recommend with . . . ? *was würden Sie zu . . . empfehlen?*

I'd like something very dry/fairly sweet *ich hätte gern einen sehr trockenen Wein/einen ziemlich süßen Wein*

could we have another bottle please? *könnten wir bitte noch eine Flasche hiervon bekommen?*
cheers *Prost, zum Wohl*

work die Arbeit
    there's still a lot of work to do es gibt noch viel
    zu tun
    it's very complicated work das ist eine sehr
    komplizierte Arbeit
    (verb) arbeiten
    it's not working *(machine, plan)* es funktioniert
    nicht
    I work in New York ich arbeite in New York
    a good working relationship ein gutes
    Arbeitsverhältnis
    if we can work something out falls wir etwas
    ausarbeiten können
    it'll work out in the end das kriegen wir schon
    hin
workflow der Arbeitsablauf
workforce die Belegschaft
working capital das Betriebskapital
workload die Arbeit(belastung)
works der Betrieb, die Fabrik
world die Welt
    in the world auf der Welt
worldwide *(distribution, sales)* weltweit
worry die Sorge
    I'm worried about it ich mache mir Sorgen
    darüber
    don't worry keine Sorge
worse: it's worse es ist schlimmer
    it's getting worse es wird schlimmer
worst Schlechteste(r,s)
worth: it's not worth that much so viel ist das nicht
    wert
    is it worthwhile going to . . . ? lohnt es sich, nach
    . . . zu gehen?
    it's not worth it das lohnt sich nicht
worthless wertlos

ä [eh], au as in *how*, äu, eu [oy], ei as in I, ie [ee], ö as in
her, ü, y as in *huge*, -b [-p], -d [-t], j [y], qu [kv], s- [z-],
ß [ss], v [f], w [v], z [ts]

would: would you . . . ? würden Sie . . . ?
wrap: could you wrap it up? könnten Sie es bitte
   einpacken?
   to wrap up a deal ein Geschäft abschließen
wrapping die Verpackung
write schreiben
   could you write it down? könnten Sie das bitte
   aufschreiben?
   we will write to you wir werden Ihnen schreiben
   could we have that in writing? könnten wir das
   bitte schriftlich haben?
   to write off losses Verluste abschreiben
writing paper das Schreibpapier
wrong falsch
   I think the invoice is wrong ich glaube, die
   Rechnung stimmt nicht
   there's something wrong with . . . da stimmt etwas
   nicht mit . . .
   you're wrong Sie irren sich
   sorry, wrong number tut mir leid, ich habe mich
   verwählt

Y

yard das Yard
» *1 yard = 91.44 cm = 0.91 m*
year das Jahr
yearly jährlich
yellow gelb
yellow pages das Branchenverzeichnis, die gelben
   Seiten
yes ja
   you won't be able to manage that—oh yes we can!
   Sie werden das nicht schaffen—oh doch!
yesterday gestern
   the day before yesterday vorgestern
   yesterday morning/afternoon/evening gestern
   morgen/nachmittag/abend

yet: is it ready yet? ist es schon fertig?
   not yet noch nicht
you Sie
   (familiar form) du
   (familiar plural) ihr
   for you für Sie/dich/euch
   with you mit Ihnen/dir/euch
» TRAVEL TIP: *use the "Sie" forms in most situations;
   the familiar "du" forms are for people you know
   well; it's best to let the German speaker start using
   the "du" form; examples are: Sie gehen/du gehst;
   Sie bleiben/du bleibst; in letters instead of "du,
   dich, dir," etc. write "Du, Dich, Dir ," etc. see also*
   first name
young jung
your Ihr
   (familiar) dein
   (plural) euer
   is this yours? gehört das Ihnen/dir?
Yugoslavia Jugoslawien
Yugoslavian jugoslawisch

Z

Zahlung payment
z.B. = *zum Beispiel* e.g.
zero Null
   below zero unter Null
Z.Hd. = *zu Händen* for the attn. of:
ziehen pull
Zimmer frei vacancies, rooms available
Zins interest
Zinssatz rate of interest
zip code Postleitzahl
zipper der Reißverschluß

ä [eh], au as in how, äu, eu [oy], ei as in I, ie [ee], ö as in
her, ü, y as in huge, -b [-p], -d [-t], j [y], qu [kv], s- [z-],
ß [ss], v [f], w [v], z [ts]

Zoll Customs
Zollabfertigung Customs clearance
Zollager bonded warehouse
Zollerklärung Customs declaration
zollpflichtig dutiable
Zutritt verboten no entry
zu verkaufen for sale
zu vermieten for hire; for rent
Zweigstelle branch
Zwischenhändler middleman

Vorspeisen	**Hors d'oeuvre**
Kaviar	*caviar*
Königinpastetchen	*chicken in puff pastry*
Russische Eier	*deviled eggs*
Gänseleber-Pastete	*goose liver paté*
Heringssalat	*herring salad*
Austern	*oysters*
Krabbencocktail	*prawn cocktail*
geräucherter Aal	*smoked eel*
geräucherter Lachs	*smoked salmon*
Weinbergschnecken	*snails*

Suppen	**Soups**
Hühnerbrühe	*chicken broth*
Spargelcremesuppe	*cream of asparagus*
Gulaschsuppe	*goulash soup*
Linsensuppe	*lentil soup*
Ochsenschwanzsuppe	*oxtail soup*
Schildkrötensuppe	*real turtle soup*
Tomatensuppe	*tomato soup*

Salate	**Salads**
Selleriesalat	*celery salad*
Gurkensalat	*cucumber salad*
Endiviensalat	*endive salad*
Kopfsalat	*lettuce*
Rohkostplatte	*salad plate*
Wurstsalat	*sausage salad*
Tomatensalat	*tomato salad*

Vom Rind	**Beef**
Rinderlende	*beef tenderloin*
Rinderfillet	*fillet steak*
Sauerbraten	*marinaded pot roast*
Klops (Berlin)	*meat balls*
Deutsches Beefsteak	*chopped steak*
Rinderbraten	*pot roast*
Rostbraten (Swabia)	*steak with onion*
Rouladen	*stuffed beef roll*

Vom Schwein	**Pork**
Leberkäse (S. Ger.)	baked pork and beef loaf
gekochter Schinken	boiled ham
Kotelett	chop
Kassler Rippchen	smoked and braised pork chop
Eisbein	knuckles of pork
Schweineschnitzel	pork fillet
Jägerschnitzel	pork with mushrooms
Zigeunerschnitzel	pork with peppers and relishes
Schweinebraten	roast pork
Schweinerollbraten	rolled roast of pork
Rippchen	spareribs
Spanferkel	suckling pig

Vom Kalb	**Veal**
Kalbshaxe	leg of veal
Kalbsnierenbraten	roast veal with kidney
Wienerschnitzel	breaded veal
gefüllte Kalbsbrust	stuffed veal breast

Wild	**Game**
Hasenkeule	haunch of hare
Rehkeule	haunch of venison
Wildschweinkeule	haunch of wild boar
Rehbraten	roast venison
Rehrücken	saddle of venison
Rehgulasch	venison goulash
Wildschweinsteak	wild boar steak

Fisch	**Fish**
Karpfen	carp
Aal	eel
Makrele	mackerel

Hecht	*pike*
Heringstopf	*pickled herrings*
Scholle	*flounder*
Schillerlocken	*smoked haddock roll*
Bückling	*smoked red herring*
geräucherte Sprotten	*smoked sprats*
Seezunge	*sole*
Forelle Müllerin Art	*trout with butter and lemon (breaded)*

Geflügel	**Poultry**
Taube	*pigeon*
Entenbraten	*roast duck*
Gänsebraten	*roast goose*
Hähnchen	*spring chicken*
Truthahn/Pute	*turkey*

Wurstsorten	**Sausages**
Bratwurst	*grilled pork sausage*
Bockwurst	*large Frankfurter*
Katenleberwurst	*smoked liver sausage*
Wurstsülze	*sausage in aspic*
Aufschnitt	*sliced cold cuts*

Beilagen	**Side dishes**
Salzkartoffeln	*boiled potatoes*
Klöße/Knödel	*dumplings*
Pommes frites	*French fried potatoes*
Bratkartoffeln	*fried potatoes*
Spätzle	*homemade noodles*
Nudeln	*pasta*
Kartoffelbrei/Püree	*mashed potatoes*
Reis	*rice*

Gemüse	**Vegetables**
Artischocken	*artichokes*
Spargel	*asparagus*
Rosenkohl	*Brussels sprouts*

Karotten/Möhren	carrots
Blumenkohl	cauliflower
Grüne Gurke	cucumber
Grüne Bohnen	green beans
Sauerkraut	sauerkraut
Erbsen	green peas
Weißkraut	green cabbage
Champignons/Pilze	mushrooms
Rotkraut	red cabbage
Spinat	spinach
Tomaten	tomatoes

Zubereitung	**Preparation**
Fisch blau	boiled fish
gekocht	boiled
geschmort	braised/stewed
gebacken	fried
vom Rost/Grill	grilled
gebraten	roast
geräuchert	smoked
gefüllt	stuffed
paniert	breaded
mit Sahne	with cream
mit Rahm/saure Sahne	with sour cream

Nachspeisen	**Desserts**
gemischtes Eis mit Sahne	assorted ice creams with whipped cream
Rote Grütze (N. Ger.)	fruit pudding
Obstsalat	fruit salad
Eisbecher	ice cream sundae

Kuchen- und Torten-spezialitäten	**Cake Specialties**
Apfelstrudel	apple strudel
Schwarzwälder Kirschtorte	Black Forest cherry cake
Käse-Sahne-Torte	cream cheese cake

Eissplittertorte	*ice-cream cake*
Nuß-Sahne-Torte	*nut cream cake*
Erdbeertorte mit	*strawberry cake with*
Schlagsahne	*whipped cream*

0	null	1st	erste, 1.
1	eins	2nd	zweite, 2.
2	zwei (*also* zwo)	3rd	dritte, 3.
3	drei	4th	vierte, 4.
4	vier	5th	fünfte, 5.
5	fünf	6th	sechste, 6.
6	sechs	7th	siebte, 7.
7	sieben	8th	achte, 8.
8	acht	9th	neunte, 9.
9	neun	10th	zehnte, 10.
10	zehn	11th	elfte, 11.
11	elf	12th	zwölfte, 12.
12	zwölf	13th	dreizehnte, 13.
13	dreizehn		etc.
14	vierzehn	20th	zwanzigste, 20.
15	fünfzehn		etc.
16	sechzehn		
17	siebzehn		
18	achtzehn		
19	neunzehn		
20	zwanzig		
21	einundzwanzig		
22	zweiundzwanzig		
23	dreiundzwanzig		
24	vierundzwanzig		
25	fünfundzwanzig		
26	sechsundzwanzig		
27	siebenundzwanzig		
28	achtundzwanzig		
29	neunundzwanzig		
30	dreißig		
40	vierzig		
50	fünfzig		
60	sechzig		
70	siebzig		
80	achtzig		
90	neunzig		
100	hundert		
101	hunderteins		
175	hundertfünfundsiebzig		

200 zweihundert
1,000 tausend, 1.000, 1 000
2,000 zweitausend, 2.000, 2 000
2,469 zweitausendvierhundertneunundsechzig
1,000,000 eine Million 1.000.000, 1 000 000
1,000,000,000 eine Milliarde, 1.000.000.000,
    1 000 000 000

¼   ein Viertel
⅓   ein Drittel
½   ein halb
⅔   zwei Drittel
¾   Dreiviertel
1¼ eineinviertel
1½ eineinhalb, anderthalb
2½ zweieinhalb
⅛ **etc.** ein Achtel, etc.
0.2 null Komma zwei, 0,2
3.86 drei Komma sechsundachtzig, 3,86

Note that in German the comma is used as a decimal point and the period is used for thousands.

4+4 vier plus vier
4−2 vier minus zwei
4×4 vier mal vier
4÷2 vier geteilt durch zwei
4+4=8 vier plus vier gleicht acht

40% of 35 vierzig Prozent von fünfunddreißig
30% increase eine Zunahme von 30%, eine
   30%ige (dreißigprozentige) Zunahme

2² zwei quadrat
2³ zwei hoch 3
2⁴ zwei hoch 4

./. (in reports, accounts, etc.)=less

Special Vocabulary List

English/Englisch	German/Deutsch

Special Vocabulary List

English/Englisch	German/Deutsch

Special Vocabulary List

English/Englisch	German/Deutsch

Special Vocabulary List

English/Englisch	German/Deutsch

CONTACTS LIST

Name	Address	Tel.

CONTACTS LIST

Name	Address	Tel.

CONTACTS LIST

Name	Address	Tel.

CONTACTS LIST

Name	Address	Tel.

CONTACTS LIST

Name	Address	Tel.

CONTACTS LIST

Name	Address	Tel.

LANGUAGE AND TRAVEL BOOKS

Multilingual
The Insult Dictionary:
   How to Give 'Em Hell in 5 Nasty Languages
The Lover's Dictionary:
   How to be Amorous in 5 Delectable Languages
Multilingual Phrase Book
International Traveler's Phrasebook

Spanish
Vox Spanish and English Dictionaries
Harrap's Concise Spanish and English Dictionary
The Spanish Businessmate
Nice 'n Easy Spanish Grammar
Spanish Verbs and Essentials of Grammar
Getting Started in Spanish
Spanish Verb Drills
Guide to Spanish Idioms
Guide to Correspondence in Spanish
Español para los Hispanos
Diccionario Básico Norteamericano

French
Harrap's French and English Dictionaries
French Verbs and Essentials of Grammar
Getting Started in French
French Verb Drills
Guide to Correspondence in French
The French Businessmate
Nice 'n Easy French Grammar

German
New Schöffler-Weis German and English Dictionary
Klett German and English Dictionary
Harrap's Concise German and English Dictionary
Getting Started in German
German Verb Drills
German Verbs and Essentials of Grammar
The German Businessmate
Nice 'n Easy German Grammar

Italian
Getting Started in Italian

Russian
Russian Essentials of Grammar
Business Russian

Just Enough Books
Just Enough Dutch
Just Enough French
Just Enough German
Just Enough Greek
Just Enough Italian
Just Enough Japanese
Just Enough Portuguese
Just Enough Scandinavian
Just Enough Serbo-Croat
Just Enough Spanish

Just Listen 'n Learn Language Programs
Complete Courses in Spanish, French,
   German, Italian and Greek

Travel and Reference
Nagel's Encyclopedia Guides
World at Its Best Travel Series
Japan Today
British/American Language Dictionary
Bon Voyage!
Hiking and Walking Guide to Europe

PASSPORT BOOKS
a division of *NTC Publishing Group*
Lincolnwood, Illinois USA